中华成语小课堂系列 彩绘版

课堂上的
成语遇见诗词

汉语大字典编纂处◎编著
汤梦谣　肖猷洪　崔占成◎绘图

四川辞书出版社

图书在版编目(CIP)数据

课堂上的成语遇见诗词/ 汉语大字典编纂处编著；汤梦谣，肖猷洪，崔占成绘图. — 2版. — 成都：四川辞书出版社，2024.6
(中华成语小课堂系列：彩绘版)
ISBN 978-7-5579-1559-9

Ⅰ. ①课… Ⅱ. ①汉… ②汤… ③肖… ④崔… Ⅲ. ①小学语文课－教学参考资料 Ⅳ. ①G624.203

中国国家版本馆 CIP 数据核字(2024)第 097209 号

课堂上的成语遇见诗词
KETANG SHANG DE CHENGYU YUJIAN SHICI

汉语大字典编纂处 编著　汤梦谣 肖猷洪 崔占成 绘图

策 划 人	麻瑞勤
责任编辑	麻瑞勤
封面设计	成都编悦文化传播有限公司
责任印制	肖　鹏
出版发行	四川辞书出版社
地　　址	成都市锦江区三色路 238 号
邮　　编	610023
印　　刷	四川森林印务有限责任公司
开　　本	787 mm×1092 mm　1/16
版　　次	2024 年 6 月第 2 版
印　　次	2024 年 6 月第 1 次印刷
印　　张	8.5
书　　号	ISBN 978-7-5579-1559-9
定　　价	36.00 元

·版权所有,翻印必究
·本书如有印装质量问题,请寄回出版社调换
·制作部电话:(028)86361826

前　言

　　成语是中国汉语言文化的一块瑰宝，它言简意赅、内涵深刻，是语言的精华、智慧的结晶。了解成语的来龙去脉及其运用，能够帮助小学生更精准地理解成语，更熟练地运用成语。

　　本书以最新小学语文教材中的成语为主线，选取了57个诗词中的成语。其中1~6年级教材中的成语有37个，按其在教材中的顺序排列；课外拓展收录成语20个，按成语首字的音序排列。这些成语有的是直接来源于古诗词，如"不拘一格"；有的是经过演化成型，如"万籁俱寂"；还有的是在古诗词的运用中广为人知，如"长风破浪"。每一个成语下设置了"遇见诗词""成语小课堂""成语接龙""日积月累"栏目，每一章设置"练一练"栏目，并借助这些栏目引出小学语文课堂上常用的1000余个成语，让小学生在趣味中学习成语，学习传统文化，还可以积累写作素材，丰富自己的语言。

各栏目主要内容如下:

1. 成语树状图:每一章节以成语的构词特点和释义为原则,分别对当前章节所学成语进行分类,并用树状图表示,放于篇章页,引导小学生学会对成语进行归纳总结。

2. 遇见诗词:包括诗词正文、注释和大意,引导小学生通过对古诗词的学习更加深入地了解成语的来龙去脉。

3. 成语小课堂:包括成语的释义、例句、近义词和反义词,让小学生理解成语的内涵和运用。

4. 成语接龙:根据各章收录成语的特色,采用多种有趣的成语接龙形式,如:同音字接龙、谐(多)音字接龙、诗句逐字成语接龙、十二生肖成语接龙、数字成语接龙等。

5. 日积月累:选择与当页成语相关的主题对同类成语进行总结归纳,帮助小学生开阔视野,增加积累。

6. 练一练:每一章后均配有不同练习题,帮助小学生巩固所学知识。

7. 参考答案:正文中各个题目均有相应参考答案,统一排在正文之后。

8. 附录:收录最新小学语文教材中的成语,扫描书上二维码即可查找和学习每个成语的释义和例句,既方便又实用。

为了便于小学生无障碍阅读,本书对诗词正文和文中出现的生僻字、多音字等进行注音。同时,书中部分诗词和成语配有插图,便于小学生理解诗词和成语。

相信本书能为小学生学习和运用成语提供有用的帮助,对书中存在的不当之处,敬请广大读者朋友指正。

编者

目 录

1~2 年级

- 002　东西南北
- 004　桃花潭水
- 006　千门万户
- 008　四海为家
- 010　春色满园
- 012　更上一层楼
- 014　草长莺飞
- 016　野火烧不尽，春风吹又生
- 018　牛郎织女
- 020　练一练

3~4 年级

- 022　橙黄橘绿
- 024　淡妆浓抹
- 026　发人深省
- 028　无穷无尽
- 030　庐山真面目
- 032　碧海青天
- 034　万里长征
- 036　车水马龙
- 038　一片冰心
- 040　练一练

目录

5~6 年级

042	不拘一格	062	粉身碎骨
044	绿树成荫	064	惊天动地
046	月落乌啼	066	万紫千红
048	夕阳西下	068	泣涕如雨
050	斜风细雨	070	少壮不努力，老大徒伤悲
052	悲欢离合	072	司空见惯
054	源头活水	074	走马观花
056	寸草春晖	076	心有灵犀一点通
058	豆蔻年华	078	杨柳依依
060	明月清风	080	练一练

课外拓展

082	暗香疏影	104	人面桃花
084	白发千丈	106	天涯比邻
086	长风破浪	108	万籁俱寂
088	剪烛西窗	110	无可奈何
090	卷土重来	112	物是人非
092	老骥伏枥，志在千里	114	雾里看花
094	柳暗花明	116	相煎何急
096	绿肥红瘦	118	窈窕淑女
098	前无古人	120	折戟沉沙
100	擒贼先擒王	122	练一练
102	青梅竹马		

124	参考答案
125	附录：课本里的成语汇总

东西南北
dōng xī nán běi

 遇见诗词

咬定①青山不放松，立根原在破岩②中。
千磨万击还坚劲③，任尔④东西南北风⑤。

—— [清] 郑燮（xiè）《竹石⑥》

注释

①咬定：咬紧，比喻竹根扎得牢固。
②破岩：山岩的裂缝。
③坚劲：坚韧有力。
④尔：你。
⑤东西南北风：指来自四面八方的风。
⑥竹石：竹子扎根在石缝中。

大意

竹子牢牢地咬住青山绝不放松，
原来它的根就扎在山岩的裂缝中。
历尽种种磨难和打击，依然坚韧挺立，
任凭八面狂风肆虐（sì nüè）依然屹立。

东西南北

 **成语小课堂**

释义 指漂泊各处，行踪无定。也泛指不同方向或许多地方。也作"东南西北"。

例句 我是个方向感极差的人，一出门便分不清东西南北。

 成语接龙

东西南北	北面称臣(chén)	沉(chén)鱼落雁(yàn)
雁过留声	声泪俱下	下里巴人
人山人海	海阔天空	空穴来风
风卷残(cán)云	云泥之别	别有用心

 日积月累

含有方位词的成语

东西南北　东张西望　东奔西走　声东击西　日薄（bó）西山

走南闯北　天南海北　南辕（yuán）北辙（zhé）

前赴后继　前俯后仰　空前绝后　左右为难　左顾右盼

桃花潭水 (táo huā tán shuǐ)

遇见诗词

李白乘舟将欲行①，忽闻岸上踏歌②声。
桃花潭③水深千尺，不及汪伦④送我情。

——［唐］李白《赠汪伦》

注释

①将欲行：将要离开。

②踏歌：古代民间的一种歌舞形式，一边用脚踏节拍，一边唱歌。

③桃花潭：池名，在今安徽泾（jīng）县西南，潭水极深。

④汪伦：李白的友人。

大意

李白乘船正要远行，
忽然听到岸上传来踏歌之声。
桃花潭水即使有千尺深，
也比不上汪伦送我的这份情。

桃花潭水

 成语小课堂

释义 比喻友情深厚。

例句 我和小明从小一起长大，感情如桃花潭水。

 成语接龙

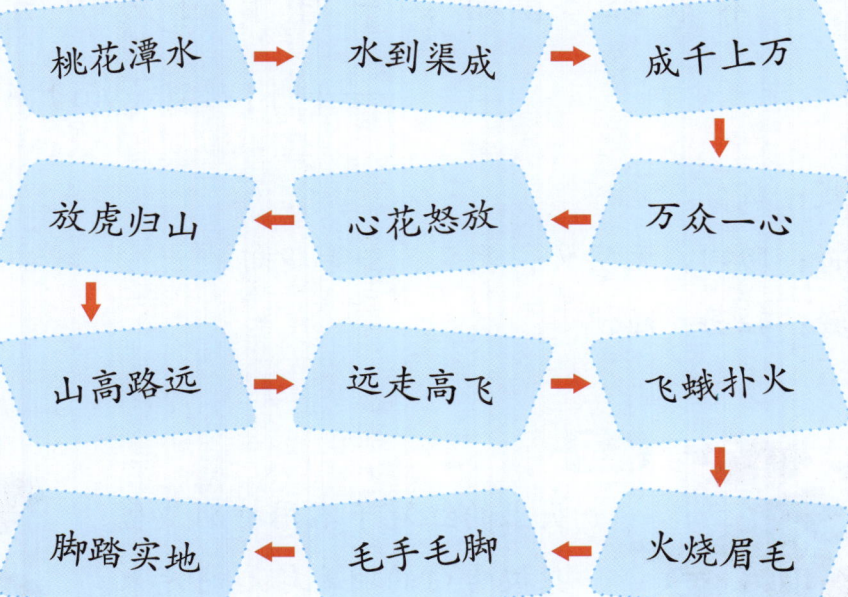

桃花潭水 → 水到渠成 → 成千上万

放虎归山 ← 心花怒放 ← 万众一心

山高路远 → 远走高飞 → 飞蛾扑火

脚踏实地 ← 毛手毛脚 ← 火烧眉毛

 日积月累

描写友情的成语

桃花潭水　情同手足　肝胆相照　亲密无间
推心置腹　志同道合　深情厚谊　患难之交
忘年之交　倾盖如故　万古长青　白首同归

1~2年级

千门万户
qiān mén wàn hù

 遇见诗词

头上红冠不用裁①，满身雪白走将②来。
平生不敢轻③言语，一叫千门万户开。

——[明]唐寅（yín）《画鸡》

注释

①裁：裁剪。
②将：助词，无实义，表来、去等趋向。
③轻：轻易，随便。

大意

头上的红冠子不用特别裁剪，身披雪白的羽毛雄赳赳走来。它平时不轻易开口鸣叫，一旦鸣叫，千家万户的门都会打开。

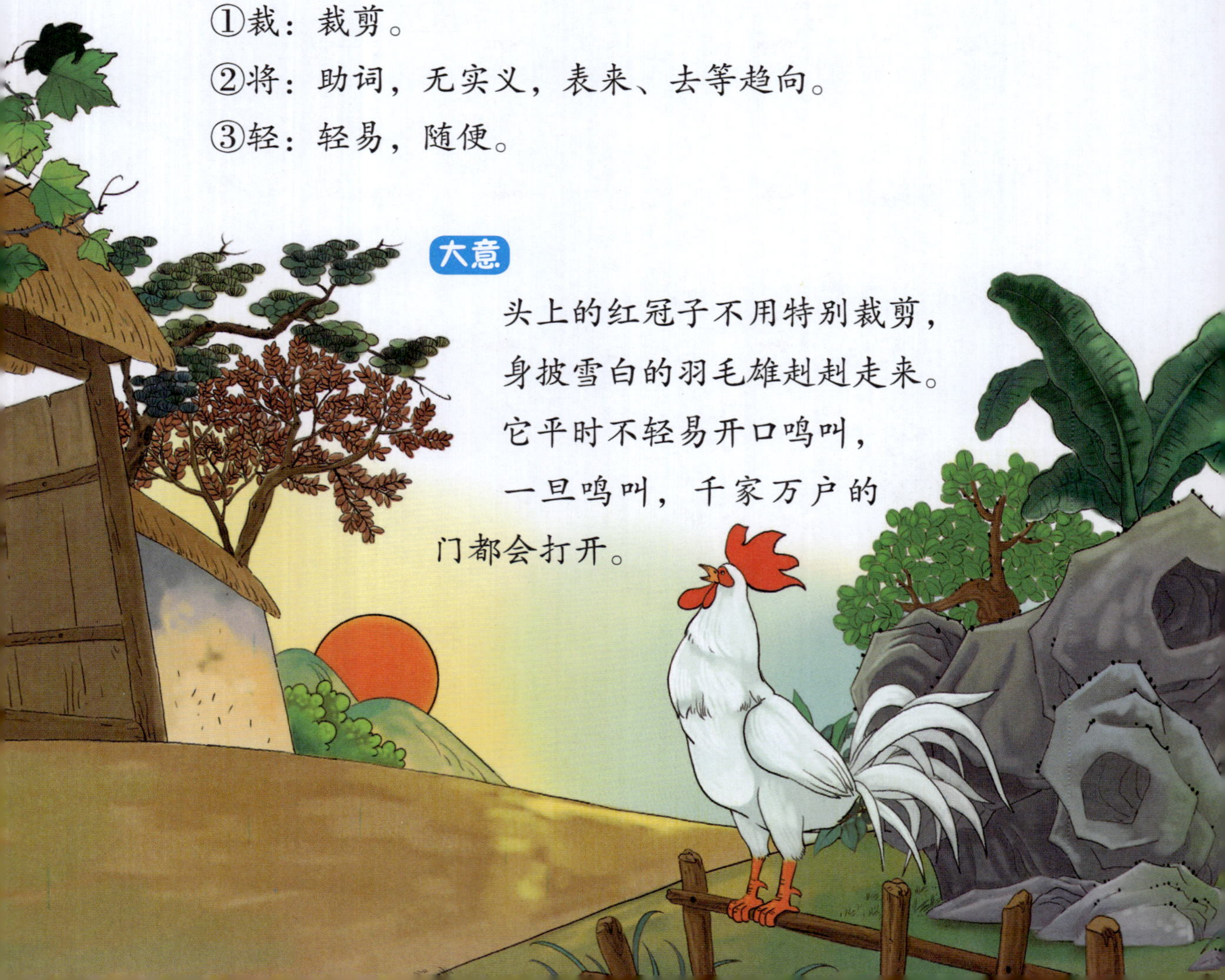

千门万户

 成语小课堂

释义 众多的人家。也形容建筑物规模庞大，门户众多。
例句 除夕之夜，千门万户张灯结彩，喜气洋洋。
近义 千家万户

 成语接龙

千门万户　户枢不蠹(dù)　妒贤嫉(jí)能
能者多劳　劳民伤财　财运亨(hēng)通
通风报信　信口雌(cí)黄　黄粱(liáng)美梦
梦笔生花　花前月下　下笔成章

日积月累

形容事物多或少的成语

多：千门万户　不计其数　车载斗量　俯拾即是　汗牛充栋
　　无穷无尽　应有尽有　多如牛毛　不胜枚(méi)举
少：独一无二　寥(liáo)寥无几　寥若晨星　屈指可数
　　三三两两　硕果仅存　凤毛麟(lín)角

四海为家
（sì hǎi wéi jiā）

王濬①楼船下益州②，金陵③王气黯然收。
千寻④铁锁沉江底，一片降幡出石头⑤。
人世几回伤往事，山形⑥依旧枕寒流。
今逢四海为家日，故垒⑦萧萧芦荻秋。

——[唐]刘禹锡《西塞山怀古》

注释

①王濬：西晋名将，曾奉命伐吴。②益州：指今成都。③金陵：今江苏南京，三国时是孙吴的都城。④寻：古代以八尺为一寻。⑤石头：石头城，孙吴都城的别称。⑥山形：指西塞山（在今湖北黄石）的险要地势。⑦故垒：指六朝以来作战工事的遗迹。

大意

王濬的战船沿江东下离开益州，金陵的王气黯然消失。

（吴人）在江水中置铁锥，又用大铁锁横于江面（拦截晋船，最后失败），一面面投降的白旗从石头城上挂出。

世人伤感这样的事情已有好几次，如今的西塞山依旧紧靠着东流的长江水。

而今四海一统的时候，芦荻长满故垒在秋风中萧萧作响。

四海为家

 成语小课堂

释义 四海：指全中国。为：当成。指帝王占有四海，统一全国。也指漂泊在外，居无定所，到处都可以当成家。

例句 他独自一人，无牵无挂，四海为家。

近义 浪迹天涯 居无定所

反义 安土重迁 叶落归根

可　不　牢　补　羊　亡　人　破　家　为　海　四　开始
破
涕　　　礼　有　彬　彬　彬　质　文　分　无
为　　　　　　　　　　　　　　　　　　身
笑　逐　颜　开　诚　布　公　私　分　明　哲　保

 日积月累

描写漂泊或旅途的成语

四海为家　跋（bá）山涉（shè）水　背井离乡　浪迹天涯
南来北往　鞍（ān）马劳顿　长途跋涉　翻山越岭　浮家泛宅
漂洋过海　昼（zhòu）夜兼（jiān）程　走南闯北

春色满园

应①怜②屐齿印苍苔③，小扣④柴扉久不开。
春色满园关不住，一枝红杏出墙来。

——[宋]叶绍翁《游园不值⑤》

注释

①应：表示猜测，大概。②怜：爱惜。③印苍苔：在青色的苔藓（xiǎn）上留下痕迹。④小扣：轻轻地敲。⑤不值：没有遇到人。指没有遇到花园的主人。

大意

可能是主人爱惜园中的青苔，担心它被我的木底鞋踩坏，

所以我轻轻地叩敲园门，久久没有人来开门。

那满园的美丽春色怎能关得住，

一枝红杏早已悄悄地伸出墙来。

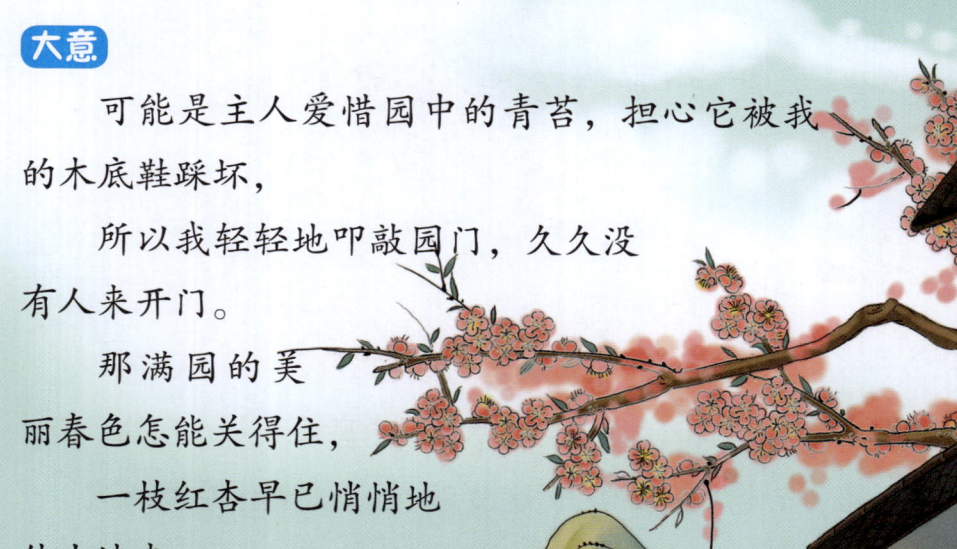

成语小课堂

释义 整个园子里一片春天的景色。形容春天万物欣欣向荣的景象。

例句 还未走进外婆家的小院子，迎面就飘来一股香味，走进一看，各种各样的植物盆景，红的、黄的、紫的花，真是春色满园！

近义 春意盎然 草长莺飞

成语接龙

春色满园　源(yuán)源不断　断(duàn)章取义　义无反顾
顾影自怜　怜香惜玉　玉树临风　风吹草动
动荡不安　安之若素　素不相识　识文断字

日积月累

描写春天的成语

春色满园　春暖花开　春寒料峭（qiào）　柳绿花红
鸟语花香　生机勃勃　春和景明　春光明媚（mèi）
春回大地　莺歌燕舞　绿肥红瘦　柳暗花明

011

更上一层楼

白日①依②山尽，黄河入海流。
欲穷③千里目，更④上一层楼。

——［唐］王之涣（huàn）《登鹳（guàn）雀楼⑤》

注释

①白日：傍晚的太阳。
②依：靠着，挨着。
③穷：尽。
④更：再。
⑤鹳雀楼：在今山西永济境内，因楼上常有鹳雀栖息而得名。

大意

夕阳依傍着山峦渐渐西沉，
黄河奔涌着向东流入大海。
想要看到更远的景色，
那就要登上更高的楼层。

更上一层楼

 成语小课堂

释义 原意是要想看得更远，就要登得更高。后用来比喻在已经取得成绩的基础上，再提高一步。

例句 我的成绩要想更上一层楼，就得改进学习方法。

近义 百尺竿头，更进一步 竿头日进

反义 江河日下 故步自封

 "欲穷千里目，更上一层楼"诗句逐字成语接龙

欲	扬	先	抑	穷	则	思	变	千	姿	百	态
里	通	外	国	目	不	转	睛	更	胜	一	筹
上	天	入	地		一	声	不	响	层	出	不	穷
楼	台	亭	阁

（yì 抑，chóu 筹）

日积月累

形容积极进取或进展很快的成语

更上一层楼 再接再厉 急流勇进 自强不息
蒸（zhēng）蒸日上 日新月异 一日千里
竿头直上 精益求精 青出于蓝 突飞猛进

013

草长莺飞

遇见诗词

草长莺飞二月天①，拂堤杨柳②醉春烟③。
儿童散学④归来早，忙趁东风放纸鸢⑤。

——[清] 高鼎《村居》

注释

①二月天：指春天。

②拂堤杨柳：杨柳枝条很长，垂下来微微摆动，像是在抚摸堤岸。

③春烟：春天田野、树林中升起的雾气。

④散学：放学。

⑤纸鸢：风筝。

大意

早春二月，青草渐渐长高，黄莺飞舞，杨柳拂岸，在春雾中姿态妩媚醉人。村里的孩子们早早地放学回家了，趁东风徐徐，赶忙把风筝高高放飞。

 **成语小课堂**

释义 绿草丰茂，黄莺飞舞。形容江南明媚的春景。
例句 阳春三月，百花齐放，草长莺飞，到处一片春光融融的景象！
近义 春色满园

草长莺飞 → 飞沙走石 → 石破天惊 → 惊涛骇(hài)浪

名闻世举 ← 举易而轻 ← 轻脚重头 ← 头回子浪

名垂青史 → 史无前例 → 例行公事 → 事无巨细

 **日积月累**

含有植物名称的成语

草长莺飞 花红柳绿 义结金兰 昙花一现
开花结果 锦上添花 胸有成竹 百步穿杨
移花接木 空谷幽兰 草木皆兵 草船借箭

野火烧不尽，春风吹又生

遇见诗词

离离①原上草，一岁一枯荣。
野火烧不尽，春风吹又生。
远芳侵古道，晴翠②接荒城③。
又送王孙④去，萋萋⑤满别情。

——[唐]白居易《赋得⑥古原草送别》

注释

①离离：形容青草茂盛的样子。②晴翠：阳光照射下的青草。③荒城：废弃的古城。④王孙：本指王公贵族之子，这里指被送的朋友。⑤萋萋：青草茂盛的样子。⑥赋得：唐代科举考试规定，凡是按指定、限定的题目作诗，在题目前面要加"赋得"二字。

大意

原野中茂盛的青草，年年枯了又青，青了又枯。

野火不能把草烧尽，春风一吹它又顽强地生长。

远处的芳草蔓延到古道边，阳光下翠绿的青草连接到荒凉的古城墙。

又要送别朋友远去了，青青芳草好似也满含惜别的深情。

野火烧不尽，春风吹又生

 成语小课堂

释义 指荒山野地的青草即使大火燃烧也不能使它灭绝，春风一来它又蓬勃生长。形容野草生命力的顽强。比喻有生命力的新生事物，任何力量也无法扼杀它们。

例句 野火烧不尽，春风吹又生，就像我国人民反抗外国侵略者的革命精神是无法摧毁的。

 "野火烧不尽，春风吹又生"诗句逐字成语接龙

野	心	勃	勃		火	冒	三	丈		烧	眉	之	急
不	言	而	喻(yù)		尽	人	皆	知		春	华	秋	实
风	和	日	丽		吹	毛	求	疵(cī)		又	当	别	论
生	老	病	死

 日积月累

常用的八字成语

千里之行，始于足下　读书百遍，其义自见
己所不欲，勿施于人　二人同心，其利断金
兵来将挡，水来土掩　不入虎穴，焉得虎子

017

牛郎织女
niú láng zhī nǚ

遇见诗词

九曲①黄河万里沙②，浪淘风簸自天涯③。
如今直上银河去，同到牵牛织女④家。

——[唐]刘禹锡《浪淘沙⑤》（其一）

注释

①九曲：九道湾。这里的九是虚指，形容黄河弯曲的地方很多。
②万里沙：万里都含有泥沙。万里是虚指，形容黄河很长。
③天涯：天边，指很远。
④牵牛织女：牵牛星和织女星。
⑤浪淘沙：唐朝民间的一种曲调，后用为词牌名。

大意

蜿蜒曲折的万里黄河，浪涛夹带着泥沙，风急浪涌，从天边奔腾而来。
如今我们可以沿着黄河直接到银河上去，一同去牛郎织女的家里做客。

牛郎织女

成语小课堂

释义 牛郎、织女：神话人物，从牵牛星（俗称牛郎星）和织女星两个星宿衍化而来。相传天帝孙女（织女）私嫁给牛郎后，织锦中断。天帝大怒，责令两人分离，每年农历七月七日夜才能在天河上相会一次。比喻长期分居两地的夫妻。

例句 民间至今还流传着牛郎织女一年一度天河相会的神话。

成语接龙

牛郎织女 → 女中豪杰(jié) → 洁(jié)身自好 → 好高骛(wù)远 →

远交近攻 → 攻无不克 → 克己复礼 → 礼尚往来 →

来者不拒 → 拒之门外 → 外强中干 → 干柴烈火

日积月累

源于神话故事的成语

牛郎织女　女娲补天　天兵天将　天衣无缝

夸父逐日　精卫填海　愚公移山　羿（yì）射九日

龙生九子　开天辟地　八仙过海，各显神通

练一练

一、看拼音，写成语。

hé	fēng	xì	yǔ	niǎo	yǔ	huā	xiāng	wàn	lǐ	wú	yún

chūn	huí	dà	dì	bīng	tiān	xuě	dì	xìng	gāo	cǎi	liè

二、看图猜成语。

1._____ 2._____

三、把下面成语○中的数字补充完整，并比较这些数字的大小，在○里画上">""<"或"="符号。

○里之行，始于足下 ○ ○尺竿头，更进一步

一清○白 ○ 三言○语 ○ ○光十色 ○ ○上八下

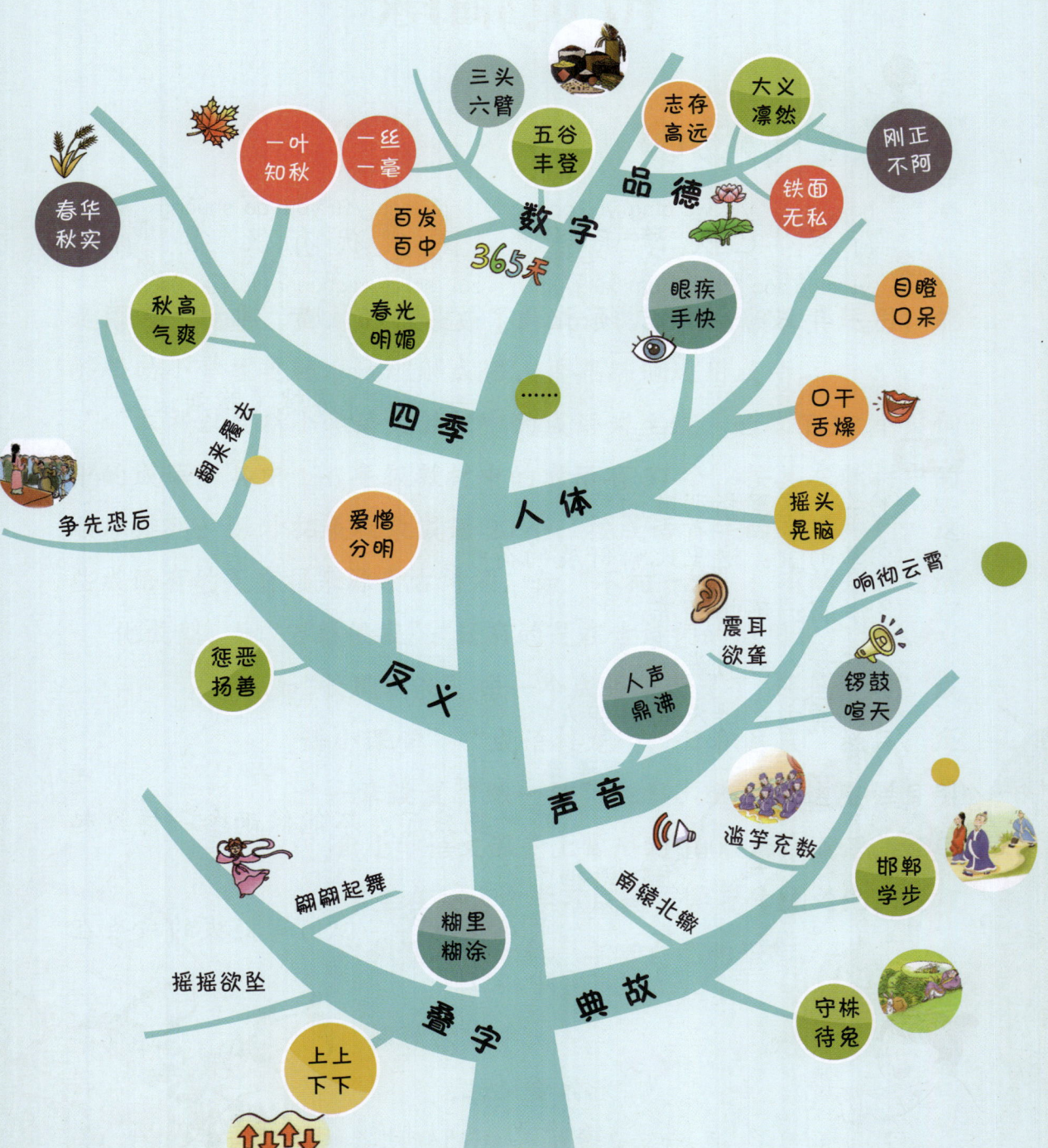

橙黄橘绿

 遇见诗词

荷尽①已无擎雨盖②，菊残犹有傲霜③枝。
一年好景④君须记，最是橙黄橘绿时。

——[宋] 苏轼《赠刘景文⑤》

注释

①尽：这里指凋败的意思。

②擎雨盖：这里比喻舒展的荷叶。

③傲霜：不怕霜冻。

④好景：好时光。

⑤刘景文：诗人的好朋友。

大意

荷叶凋残了，不能像雨伞一样撑起遮挡雨滴，

菊花虽枯萎，但仍有挺拔的枝条在霜雪中挺立。

一年中的好时光你要记住，

最美的景色正是橙子黄橘子绿的秋末冬初之时。

橙黄橘绿

成语小课堂

释义 橙子黄了，橘子绿了。指秋季景物。

例句 候鸟南飞，树叶飘零，转眼又到了一年橙黄橘绿之时。

成语接龙

橙黄橘绿 → 绿树成荫(yīn) → 阴阳怪气 → 气焰嚣张 → 张三李四 → 四通八达 → 达官贵人 → 人声鼎沸 → 沸沸扬扬 → 扬长而去 → 去伪存真 → 真心实意

 **日积月累**

含有水果名称的成语

橙黄橘绿　望梅止渴　青梅竹马　瓜田李下　瓜熟蒂落

桃红柳绿　投桃报李　桃李满天下　世外桃源

红杏出墙　南橘北枳(zhǐ)　梨花带雨　囫囵吞枣

淡妆浓抹

水光潋滟①晴方好,山色空蒙②雨亦奇。
欲把西湖比西子③,淡妆浓抹总相宜④。

——[宋]苏轼《饮⑤湖上⑥初晴后雨》

注释

①潋滟:指波光闪动的样子。
②空蒙:迷茫的样子。
③西子:即西施,春秋时期越国著名的美女。
④总相宜:都恰到好处,意思是都很美。
⑤饮:饮酒。
⑥湖上:指西湖上。

大意

晴空下,西湖湖面波光粼粼,景色美好,
细雨中,水面烟雾蒙蒙,景致也很奇妙。
如果把西湖比作美女西施,
无论是淡妆还是浓妆都很美丽。

成语小课堂

释义 淡妆：不搽脂粉或化淡淡的妆。浓抹：浓浓地抹粉涂脂。指女子淡雅和浓艳两种妆饰，也比喻不同气象时的美丽的自然景色。

例句 这个女孩天生标致，淡妆浓抹都很漂亮。

成语接龙

淡	妆	浓	抹	抹	月	批	风	风	花	雪	月
月	黑	风	高	高	山	流	水	水	泄	不	通(líng)
通	情	达	理	理	直	气	壮	壮	志	凌	云(xián)
云	淡	风	轻	轻	举	妄	动	动	人	心	弦

日积月累

形容人物美或丑的成语

美：淡妆浓抹　玉树临风　仪表堂堂　美如冠玉　风流倜傥
　　沉鱼落雁　国色天香　眉清目秀　出水芙蓉

丑：尖嘴猴腮（sāi）　其貌不扬　青面獠（liáo）牙
　　贼（zéi）眉鼠眼　獐（zhāng）头鼠目　歪瓜裂枣

025

发人深省

已从招提[1]游，更宿招提境。
阴壑[2]生虚籁[3]，月林散清影[4]。
天阙[5]象纬[6]逼，云卧衣裳冷。
欲觉闻晨钟，令人发深省。

——［唐］杜甫《游龙门奉先寺[7]》

注释

[1]招提：梵语，译义为四方，四方之僧为招提僧。寺院的别称。[2]阴壑：幽暗的山谷。[3]虚籁：指风声。[4]清影：清朗的光影，指月光。[5]天阙：本为星名，此指龙门。[6]象纬：这里指夜空中的星辰。[7]龙门奉先寺：河南洛阳龙门石窟中规模最大的一座石窟，因为它隶属于当时的寺院奉先寺而得名。

大意

已经有幸在寺僧的引导下游览了奉先寺，晚上又住在了这寺中。

只听得幽暗的山谷里响起了阵阵风声，透过树枝看到那月光闪烁着清朗的光影。

那高耸的龙门山好像靠近了天上的星辰，（夜宿奉先寺）如卧云中，只觉得寒气透衣。

将要醒来之时，听到佛寺晨钟敲响，那钟声扣人心弦，令人警悟。

 **成语小课堂**

释义 发：启发。省：醒悟，反省。启发人们深刻思考而有所醒悟。
例句 这篇文章字字句句掷（zhì）地有声，发人深省。
近义 振聋发聩（kuì） 醍醐（tí hú）灌顶
反义 执迷不悟

开始 ←

发人深省身克己所不欲，勿施
德载物极必反客为主 于人
厚 见
地高天包大胆张目明分憎爱人

与思索有关的成语

发人深省　胡思乱想　绞（jiǎo）尽脑汁　苦思冥（míng）想
千端万绪（xù）　若有所思　思前想后　搜肠刮（guā）肚
枉费心机　一筹莫展　左思右想　茫无头绪　老谋深算

无穷无尽

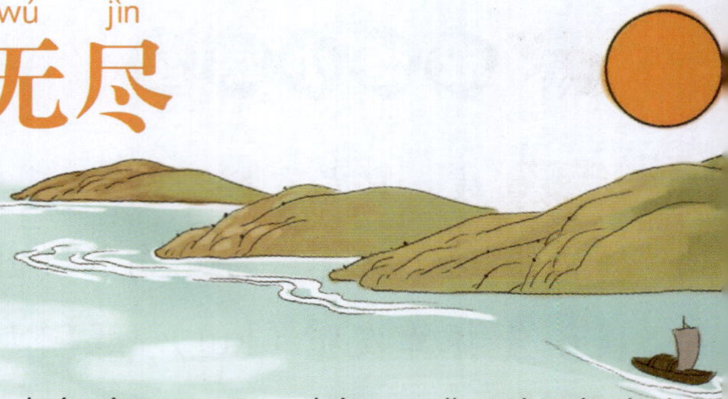

祖席①离歌，长亭②别宴。香尘③已隔犹回面。居人匹马映林嘶，行人去棹④依波转。
画阁魂消，高楼目断。斜阳只送平波远。**无穷无尽**是离愁，天涯地角寻思⑤遍。

——[宋]晏殊《踏莎（suō）行》

注释

①祖席：古代出行时祭祀路神叫"祖"，后来称设宴饯（jiàn）别的地方为"祖席"。②长亭：古代旅途中的驿站，为送别之地。③香尘：地上落花很多，尘土都带有香气，故称"香尘"。④棹：同"櫂（zhào）"，划船的桨，这里指船。⑤寻思：寻找、思念。

大意

饯行酒席上唱完离别的悲歌，亭中散了离别的饮宴。香尘扬起遮住了视线，行人仍频频回首。送行人的马隔着树林嘶叫，行人的船已随着江波渐去渐远。

画阁上我很悲伤，登上高楼目送行人直到他消失在视野中。夕阳下只见江波无边无垠。无穷无尽的只是离别相思之情，就让此情随他而去，绕遍天涯。

无穷无尽

释义 穷：尽头。没有止境，没有尽头，没有限度。形容数量极多或时间上没有尽头、空间上没有边际。

例句 宇宙是无穷无尽的，它的运动也是无穷无尽的。

近义 无边无际

反义 寥寥无几 微乎其微

无穷无尽　尽如人意　意气风发

发愤图强　强词夺理　理屈词穷

穷途末路　路不拾遗　遗臭(chòu)万年

年逾(yú)古稀　稀奇古怪　怪力乱神

 日积月累

ABAC 式成语

无穷无尽　无边无际　自言自语　不伦不类　半信半疑

大摇大摆　昏头昏脑　糊里糊涂　不慌不忙　无忧无虑

活灵活现　多才多艺　一模一样　如醉如痴　无怨无悔

029

庐山真面目

横看①成岭侧成峰，远近高低各不同。
不识庐山真面目②，只缘③身在此山中。

——[宋]苏轼《题④西林⑤壁》

注释

①横看：从正面看。
②真面目：指真实的景色或庐山的全貌。
③缘：因为。
④题：书写。
⑤西林：今江西庐山脚下的西林寺。

大意

从正面看山岭连绵起伏，从侧面看山峰耸立，从远处、近处、高处、低处看庐山，庐山呈现出各种不同的姿态。

之所以看不清庐山的真实面目，是因为自己置身于庐山之中。

庐山真面目

成语小课堂

释义 借指事物的本来面目或事情的真相。

例句 不经过探索了解，很难弄清这件事的庐山真面目！

近义 本来面目

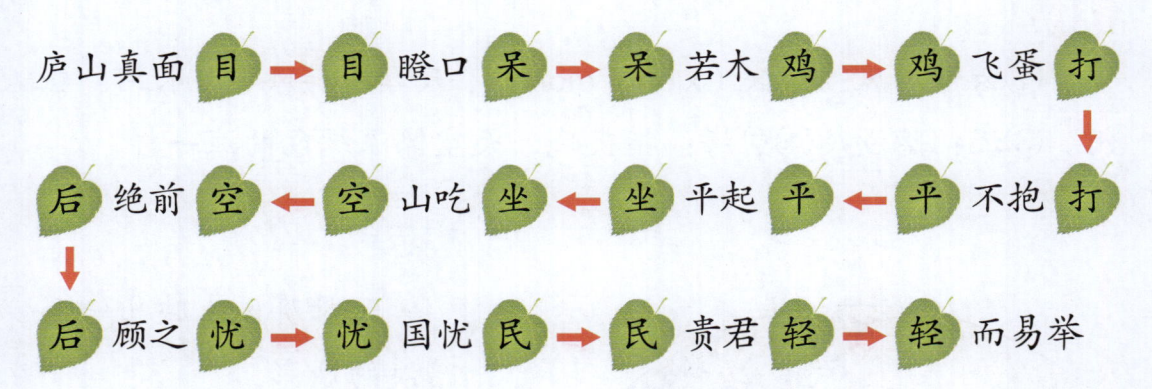

成语接龙

庐山真面目 → 目瞪口呆 → 呆若木鸡 → 鸡飞蛋打

打不抱平 ← 平起平坐 ← 坐吃山空 ← 空前绝后

后顾之忧 → 忧国忧民 → 民贵君轻 → 轻而易举

日积月累

五字成语

庐山真面目 换汤不换药 无巧不成书 独木不成林 坐山观虎斗
功到自然成 吃力不讨好 照葫芦画瓢（piáo） 快刀斩乱麻
不打不相识 瑞雪兆（zhào）丰年 无风不起浪 二一添作五

031

3~4年级

碧海青天

遇见诗词

云母屏风①烛影深,长河②渐落晓星沉③。
嫦娥应悔偷灵药,碧海④青天夜夜心。

——[唐]李商隐《嫦娥》

注释

①云母屏风：镶嵌（xiāng qiàn）了云母的屏风。②长河：银河。③沉：隐没。④碧海：指夜晚，天空像深绿色的海一样。

大意

云母屏风上映出一层暗淡的烛影，

银河逐渐斜落，星星也已隐没。

嫦娥一定后悔当初偷吃了长生不老药，

在漫漫长夜里，孤独地思念人间。

碧海青天

成语小课堂

释义 碧绿的海，湛蓝的天。形容水天一色，旷远无边。也形容怅恨无比。

例句 海面时而平静，时而动荡，碧海青天，美不胜收。

近义 水天一色

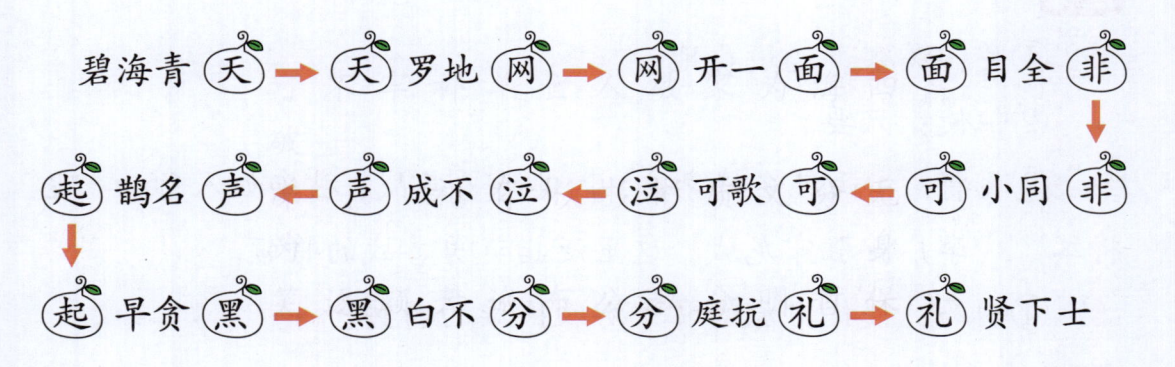

成语接龙

碧海青**天** → **天**罗地**网** → **网**开一**面** → **面**目全**非**

起鹊名**声** ← **声**成不**泣** ← **泣**可歌**可** ← **可**小同**非**

起早贪**黑** → **黑**白不**分** → **分**庭抗**礼** → **礼**贤下士

日积月累

含有颜色的成语

碧海青天　面红耳赤　紫气东来　碧空如洗　苍翠欲滴

金碧辉煌　碧波万顷（qǐng）　青出于蓝　青黄不接

白雪皑（ái）皑　绿草如茵　红装素裹（guǒ）　青红皂白

3~4年级

万里长征
wàn lǐ cháng zhēng

遇见诗词

秦时明月汉时关①，万里长征人未还。
但使②龙城飞将③在，不教胡马④度阴山。

——［唐］王昌龄《出塞》

注释

①关：关塞，边境要地。
②但使：只要。
③飞将：指西汉名将李广，因其英勇善战，被匈奴人称为"飞将军"。李广曾驻守龙城。这里泛指英勇善战的将领。
④胡马：侵扰中原的北方游牧民族的骑兵。

大意

明月还是秦汉时的明月，边关还是秦汉时的边关，离家万里长期征战的人还没有回来。
如果飞将军李广今天还在的话，绝不会让胡人的战马越过阴山。

万里长征

成语小课堂

释义 长征：远征。指路途遥远的征战。也比喻为实现宏伟目标而进行的长期艰苦的奋斗。

例句 他十多岁就参加了工农红军，跟随毛主席万里长征。

成语接龙

万里长征 — 争(zhēng)长论短 — 短兵相接

接踵(zhǒng)而来 — 来者不拒 — 拒人千里

里应(yìng)外合 — 合纵(zòng)连横 — 横生枝节

节哀顺变 — 变本加厉 — 厉兵秣(mò)马

日积月累

描写艰苦奋斗的成语

万里长征 不屈不挠（náo） 卧薪（xīn）尝胆 锲（qiè）而不舍
披荆（jīng）斩棘（jí） 自强不息 兢兢业业 长风破浪
水滴石穿 孜（zī）孜不倦 呕心沥（lì）血 穷且益坚

车水马龙

遇见诗词

多少恨，昨夜梦魂①中。
还似旧时游上苑②，车如流水马如龙。
花月③正春风。

——[南唐]李煜（yù）《望江南④》

注释

①梦魂：古人认为在睡梦中人的灵魂会离开肉体，故称"梦魂"。②上苑：封建时代供帝王玩赏、打猎的园林。③花月：花和月，泛指美好的景色。④望江南：词牌名。

大意

有多少遗恨呀，都在昨夜的梦魂中。

梦中好像又回到从前在皇室园林中游乐，车子接连不断像流水一样驰过，马儿络绎不绝像一条龙一样走动。

花好月圆，春风醉人。

车水马龙

成语小课堂

释义 车子多得像流水,马多得像游龙。形容车马或车辆往来不断,繁华热闹。

例句 在首都长安街上,车水马龙,热闹非凡。

近义 熙熙攘攘 川流不息

反义 门可罗雀 门庭冷落

成语接龙

十二生肖成语接龙

鼠	目	寸	光	牛	鬼	蛇	神	虎	视	眈(dān)	眈
兔	死	狐	悲	龙	飞	凤	舞	蛇	蝎(xiē)	心	肠
马	不	停	蹄(tí)	羊	肠	小	道	猴	年	马	月
鸡	毛	蒜(suàn)	皮	狗	急	跳	墙	猪	狗	不	如

日积月累

含有动物名称的成语

车水马龙 狐假虎威 狼吞虎咽 鸡鸣狗吠(fèi) 惊弓之鸟
漏(lòu)网之鱼 害群之马 画蛇添足 虎口余生 杯弓蛇影
如鱼得水 鸦雀无声 守株待兔 如虎添翼(yì) 井底之蛙

一片冰心

遇见诗词

寒雨连江夜入吴①,平明②送客楚③山孤。
洛阳亲友如相问,一片冰心在玉壶。

——[唐] 王昌龄《芙蓉楼④送辛渐⑤》

注释

①吴:吴地。②平明:天刚亮时。③楚:楚地。"楚""吴"是指历史上的楚国和吴国,它们都统治过长江中下游一带。④芙蓉楼:楼名,在润州(今江苏镇江)。⑤辛渐:王昌龄的朋友。

大意

在寒雨洒满江天的夜晚来到吴地,

天亮了送友人上路,只留下寂寞的我和孤独的楚山。

假如洛阳的亲友问起我的近况,

就说我的心如玉壶中的冰那样纯洁。

成语小课堂

释义 冰心：像冰一样清明纯洁的心。形容心地纯净，品行高洁，不慕荣华富贵。

例句 他对祖国的一片冰心真的让人感动。

近义 冰清玉洁

反义 利欲熏心

数字成语接龙

一	片	冰	心	二	话	不	说	三	头	六	臂
四	面	楚	歌	五	体	投	地	六	亲	不	认
七	窍	生	烟	八	拜	之	交	九	霄	云	外
十	面	埋	伏	百	依	百	顺	千	钧	一	发

日积月累

描写品行的成语

一片冰心 冰清玉洁 刚正不阿 高风亮节 赤胆忠心
两袖清风 光明磊落 厚颜无耻 认贼作父 恬（tián）不知耻
寡廉（guǎ lián）鲜耻 卑躬屈膝 卖国求荣

3~4年级

练一练

一、在〇内填上适当的身体部位名称，将成语补充完整。

披（ ）散发　　（ ）疾手快　　（ ）干舌燥

震（ ）欲聋　　三头六（ ）　　（ ）清目秀

二、成语计算器。

（　）叶知秋 ＋（　）通八达 ＝（　）谷丰登

（　）天揽月 －（　）彩缤纷 ＝（　）平八稳

三、把下列成语和与其相关的人物连线。

精忠报国	吕蒙
刚正不阿	岳飞
凿壁借光	李白
三顾茅庐	刘备
铁杵成针	包拯
手不释卷	匡衡

5～6年级

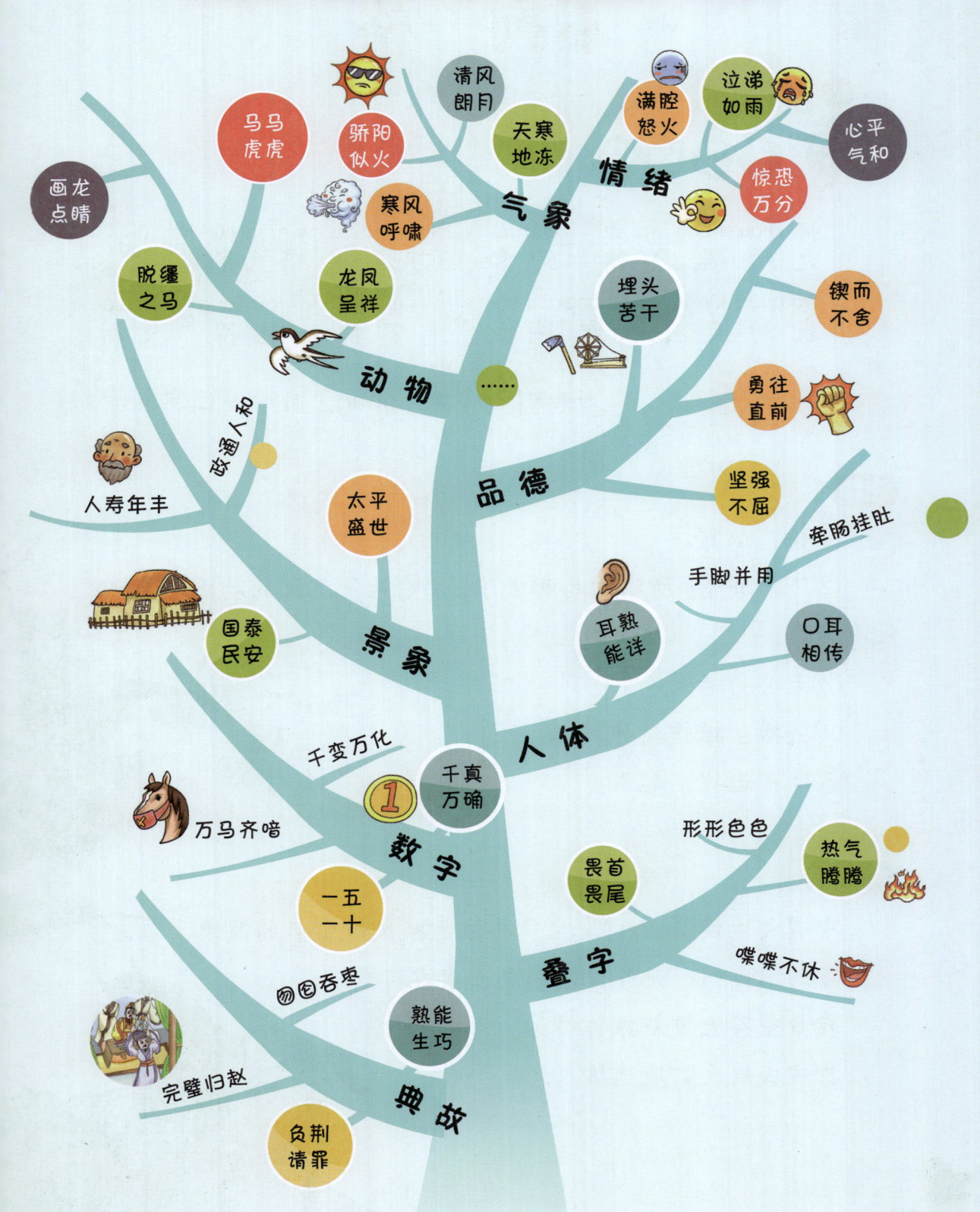

气象
- 骄阳似火
- 寒风呼啸
- 清风朗月
- 天寒地冻

情绪
- 满腔怒火
- 泣涕如雨
- 心平气和
- 惊恐万分

品德
- 埋头苦干
- 锲而不舍
- 勇往直前
- 坚强不屈

动物
- 马马虎虎
- 脱缰之马
- 龙凤呈祥
- 画龙点睛

景象
- 人寿年丰
- 政通人和
- 太平盛世
- 国泰民安

人体
- 耳熟能详
- 手脚并用
- 牵肠挂肚
- 口耳相传

数字
- 千变万化
- 千真万确
- 万马齐喑
- 一五一十

叠字
- 形形色色
- 畏首畏尾
- 热气腾腾
- 喋喋不休

典故
- 囫囵吞枣
- 熟能生巧
- 完璧归赵
- 负荆请罪

不拘一格

遇见诗词

九州生气恃①风雷，万马齐喑②究可哀。
我劝天公③重抖擞④，不拘一格降⑤人材。

——[清]龚(gōng)自珍《己亥杂诗》

注释

①恃：依靠。
②万马齐喑：所有的马都哑了，比喻死气沉沉的局面。喑，哑，没有声音。
③天公：老天爷。
④抖擞：振作精神。
⑤降：选拔，起用。

大意

中国大地焕(huàn)发生气要依靠疾风惊雷般的改革，万马不嘶叫、死气沉沉的局面实在可悲。
我希望苍天重新振作精神，打破成规大胆地选拔人才。

不拘一格

成语小课堂

释义 拘：限制。不拘泥于一种模式或标准。
例句 散文的表现方法自由灵活，不拘一格。
近义 形形色色
反义 如出一辙（zhé） 千篇一律

成语接龙

格	不	入	木	三	分
格	性	杨	花	容	秒
一	水	叛	经	月	必
拘	若	道	离	貌	争
不	善		神	合	先
	上	居	来	后	恐

日积月累

描写创新的成语

不拘一格 别出心裁 独具匠心 不落窠臼（kē jiù）
标新立异 除旧布新 独辟蹊（xī）径 独树一帜（zhì）
革故鼎（dǐng）新 吐故纳新 推陈出新 自出机杼（zhù）

5～6年级

绿树成荫
(lǜ shù chéng yīn)

遇见诗词

篱落①疏疏②一径深③,树头新绿未成阴。
儿童急走追黄蝶,飞入菜花无处寻。

——[宋] 杨万里《宿新市④徐公店⑤》

注释

①篱落：篱笆。
②疏疏：稀疏，稀稀落落的样子。
③一径深：一条小路很远很远。深，深远。
④新市：在今湖南攸（yōu）县北。
⑤徐公店：姓徐的人家开的酒店。公，古代对男子的尊称。

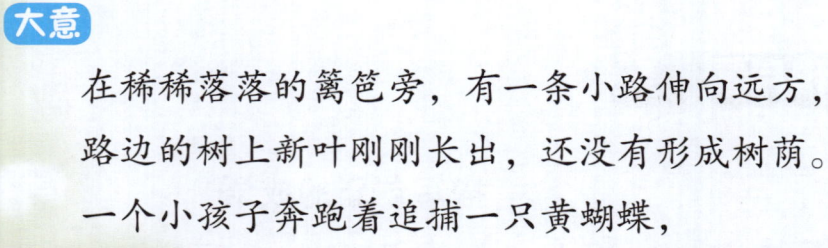

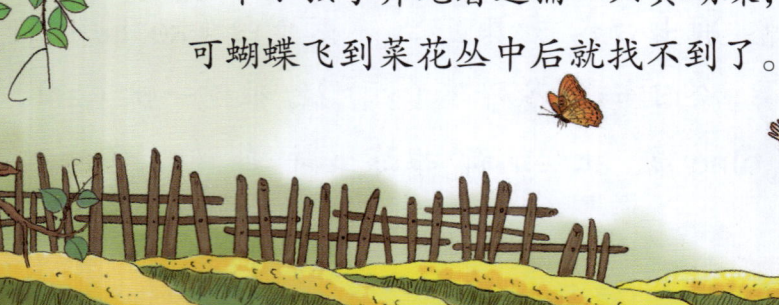

大意

在稀稀落落的篱笆旁，有一条小路伸向远方，路边的树上新叶刚刚长出，还没有形成树荫。一个小孩子奔跑着追捕一只黄蝴蝶，可蝴蝶飞到菜花丛中后就找不到了。

绿树成荫

成语小课堂

释义 形容树木枝叶茂密，形成树荫。
例句 夏日的公园里绿树成荫，附近的居民都爱在树下纳凉。
近义 枝繁叶茂

成语接龙

绿树成荫	因小失大（yīn）	大势所趋
趋炎附势	势如破竹	竹篮打水
水乳交融	融会贯通	通风报信
信以为真	真才实学	学无止境

日积月累

含有"树"字的成语

绿树成荫　树碑立传　树大根深　树大招风　铁树开花
蚍蜉撼（pí fú hàn）树　树倒猢狲（hú sūn）散
树欲静而风不止　十年树木，百年树人　前人栽树，后人乘凉

5~6年级

月落乌啼

遇见诗词

月落乌啼霜满天，江枫①渔火对愁眠。
姑苏城外寒山寺，夜半钟声②到客船。

——[唐]张继《枫桥③夜泊》

注释

①江枫：江边的枫树。②夜半钟声：唐代有些寺庙有半夜敲钟的习惯。③枫桥：桥名，在今江苏苏州。

大意

月落山下，乌鸦啼叫，寒霜满天，
江边的枫树、渔船上的灯火伴着忧愁难眠的旅人。
寒山寺（孤寂地）坐落在姑苏城外，
半夜时分（沉闷的）钟声传到了客船。

月落乌啼

成语小课堂

释义 指月亮西沉，乌鸦鸣啼。形容天快亮时的景象。

例句 我们走到江边，月落乌啼，天近拂晓，离别在即，倍感凄凉。

近义 月落星沉

成语接龙

月落乌啼 → 啼笑皆非 → 非亲非故 → 故弄玄虚 → 虚张声势 → 势不两立 → 立身处世 → 世风日下 → 下笔千言 → 言归于好 → 好景不长 → 长吁(xū)短叹

日积月累

描写日月星辰的成语

月落乌啼　喷薄而出　日上三竿　日薄西山　旭日东升
如日中天　月黑风高　月明星稀　众星拱月　忽明忽暗
斗转星移　晓风残月　吉星高照　星星之火　灿若繁星

5～6年级

夕阳西下

遇见诗词

枯藤①老树昏鸦②，小桥流水人家，古道西风瘦马。夕阳西下，断肠③人在天涯④。

——[元] 马致远《天净沙·秋思》

注释

①枯藤：枯萎的藤条。②昏鸦：黄昏归巢的乌鸦。③断肠：形容悲伤到极点。④天涯：天边，指远离家乡的地方。

大意

枯藤缠绕着老树，黄昏时乌鸦纷纷归巢，流水潺潺，小桥旁住着几户人家。荒凉的古道上，萧萧的秋风中走来一匹孤独的瘦马。夕阳西下，极度伤感的游子还漂泊在天涯。

夕阳西下

成语小课堂

释义 夕阳：傍晚的太阳。指傍晚时太阳从西边落下。比喻人到晚年或事物走向衰落。

例句 老朽已是夕阳西下了。今后，国家的振兴就靠你们年轻人了。

近义 日薄西山

反义 旭日东升

成语接龙

夕阳西下　下落不明　明察秋毫　毫厘不差
差强人意　意犹未尽　尽心竭力　力不从心
心绪不宁(níng)　宁(nìng)缺毋(wú)滥　滥竽充数(shù)　数(shuò)见不鲜

日积月累

描写人的状态的成语

夕阳西下　白发苍苍　春秋鼎盛　老气横秋　鹤（hè）发鸡皮
半老徐娘　老当益壮　乳臭（xiù）未干　少不更事　血气方刚
年老色衰　桑榆（yú）暮景　老态龙钟

049

斜风细雨

遇见诗词

西塞山①前白鹭飞，桃花流水鳜鱼肥。
青箬笠②，绿蓑衣，斜风细雨不须归③。

——[唐] 张志和《渔歌子④》

注释

①西塞山：山名，在今浙江湖州。②青箬笠：指用箬竹青青的叶子编织的斗笠。③不须归：不需要回去。此处还含弃官隐居的意思。④渔歌子：词牌名。

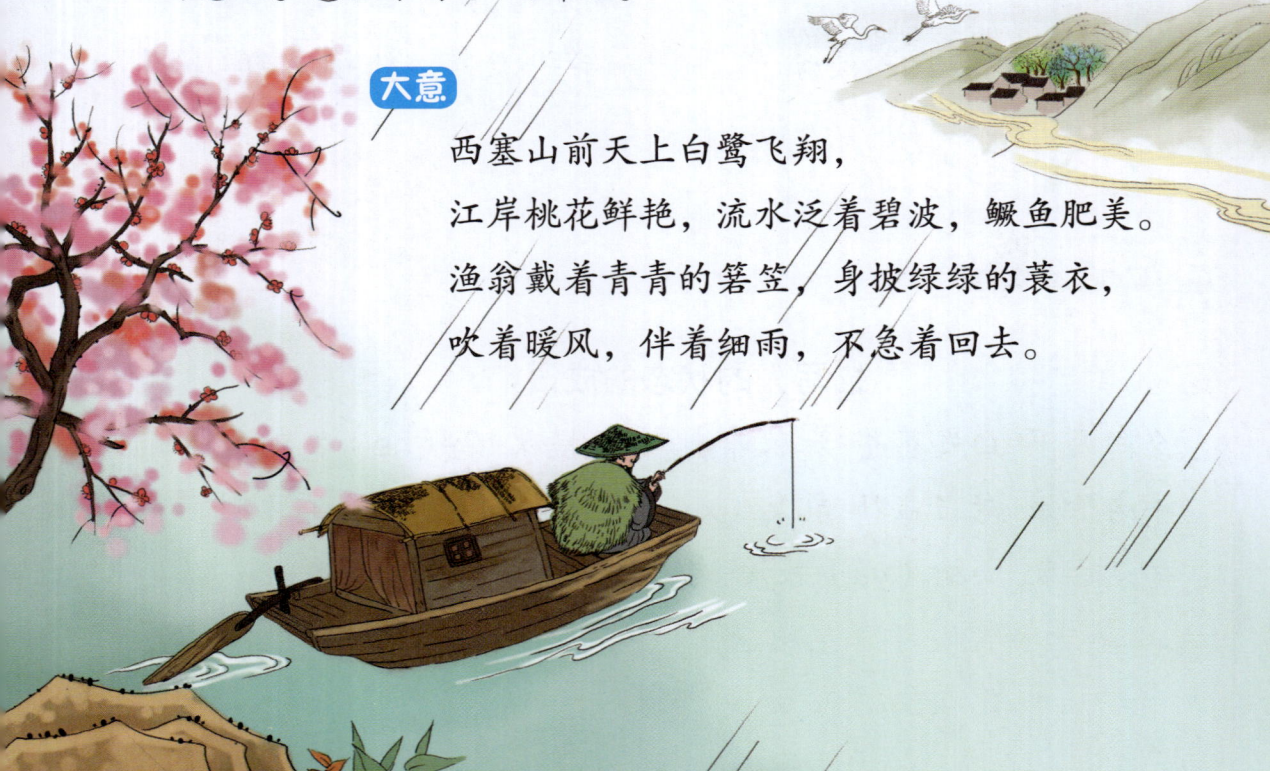

大意

西塞山前天上白鹭飞翔，
江岸桃花鲜艳，流水泛着碧波，鳜鱼肥美。
渔翁戴着青青的箬笠，身披绿绿的蓑衣，
吹着暖风，伴着细雨，不急着回去。

斜风细雨

成语小课堂

释义 指细细的雨丝随着微风飘飘落下。多形容春天烟雨迷蒙的景色。

例句 我们迎着斜风细雨，悠闲地漫步在湖边。

近义 和风细雨

反义 暴风骤雨

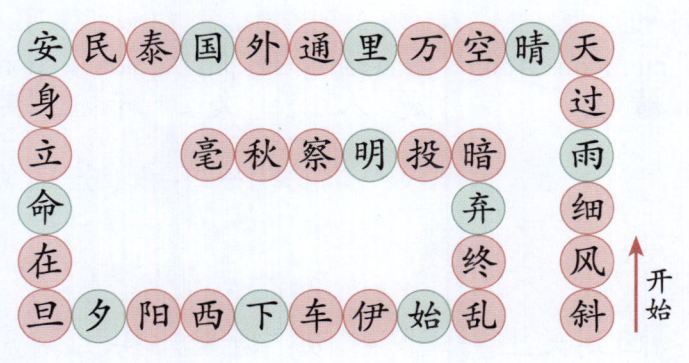

成语接龙

安民泰国外通里万空晴天
身　　　　　　　　　　过
立　毫秋察明投暗　　　雨
命　　　　　　弃　　　细
在　　　　　　终　　　风
旦夕阳西下车伊始乱　　斜　↑开始

日积月累

含有"风""雨"的成语

斜风细雨　大雨滂沱　风雨凄凄　狂风暴雨

惠(huì)风和畅　风雨无阻　大雨倾盆　风雨如磐(pán)

毛毛细雨　疾风暴雨　风吹雨打　风雨飘摇　风雨如晦

悲欢离合

遇见诗词

明月几时有？把酒问青天。不知天上宫阙，今夕是何年？我欲乘风归去①，又恐琼楼玉宇，高处不胜寒。起舞弄清影，何似②在人间？

转朱阁，低绮户③，照无眠。不应有恨，何事长向别时圆？人有悲欢离合，月有阴晴圆缺，此事古难全。但④愿人长久，千里共⑤婵娟⑥。

——[宋] 苏轼《水调歌头》

注释

①归去：回到天上去。②何似：哪里比得上。③绮户：雕饰华丽的门窗。④但：只。⑤共：一起欣赏。⑥婵娟：月亮。

大意

明月是从什么时候才开始出现的？我端起酒杯遥问苍天。不知道在天上的宫殿，现在是哪一年。我想要乘御清风回到天上，又怕那用美玉砌成的楼宇，高高在上，分外寒冷。翩翩起舞玩赏着月下清影，哪里比得上在（热闹的）人间。

（月儿）转过朱红色的楼阁，低低地挂在雕花的窗户上，照着不能入睡的人。（明月）不该对人们有什么怨恨吧，为什么偏在人们离别时圆呢？人有悲欢离合的变迁，月有阴晴圆缺的转换，这种事自古以来难以周全。只希望这世上所有人的亲人能平安健康，即便相隔千里，也能共享这美好的月色。

成语小课堂

释义 悲哀、欢乐、离散、聚合。泛指人生的各种遭遇和心情。

例句 艄公熟悉黄河，深知几十年来这两岸发生的悲欢离合、沧桑变化。

近义 酸甜苦辣 喜怒哀乐

成语接龙

悲欢离合 合二为一 一清二白 白发苍苍 苍jìng劲有力 力透纸背 背信弃义 义薄云天 天伦之乐 乐不思蜀 蜀犬吠日 日月如梭suō

日积月累

形容喜悦快乐的成语

大喜过望 欢呼雀跃 欢天喜地 乐不可支 眉开眼笑 手舞足蹈
心花怒放 欣喜若狂 兴高采烈 兴致勃勃 眉飞色舞 喜出望外

源头活水

遇见诗词

半亩方塘一鉴开①,天光云影共徘徊②。
问渠③那得清如许?为有源头活水来。

——[宋]朱熹《观书有感》(其一)

注释

①一鉴开:像一面镜子似的展现在眼前。鉴,镜子。
②徘徊:来回移动。
③渠:它,第三人称代词,指方塘之水。

大意

半亩大的方形池塘像明镜一样展现在眼前,天空的光彩和浮云的影子在水面上闪耀、荡漾。

要问这池塘的水怎么会这样清澈呢?原来是有活水不断从源头流来。

成语小课堂

释义 来自发源地而常常流动的水。比喻事物发展的动力与源泉。

例句 "学而不厌，诲人不倦"，教师要不断学习，积累渊博的知识，给学生更多的"源头活水"。

成语接龙

		zhǎng			
涨	船	高	抬	贵	手
水	之	度	外	柔	下
活	置	安	世	内	留
头	倒	民	济	刚	情
源	末		并	柔	有
	本	本	原	原	可

日积月累

关于事物发展本末的成语

源头活水　端本清源　返璞（pú）归真　原原本本

追本溯（sù）源　追根究底　归根结底　本末倒置

拔本塞（sè）源　九九归一　刨（páo）根问底　根深叶茂

5~6年级

寸草春晖

遇见诗词

慈母手中线,游子身上衣。
临行密密缝,意恐迟迟归。
谁言寸草心①,报②得三春晖③。

——[唐]孟郊《游子吟》

注释

①寸草心:小草的心意。形容子女对母爱的回报非常微小。②报:报答。③三春晖:比喻像春天阳光般温暖的母爱。晖,阳光。

大意

慈爱的母亲手拿针线,为即将远行的孩子缝制新衣。

临走前一针一线密密缝制,担心孩子出门后很久才能回来。

谁说子女像小草一样微弱的孝心,能够报答母亲春天阳光般温暖的恩情?

寸草春晖

成语小课堂

释义 小草微薄的心意报答不了春日阳光的深情。比喻父母的恩情子女难以报答。

例句 我们要怀着寸草春晖的心来报答养育我们的父母。

近义 反哺之私

反义 六亲不认

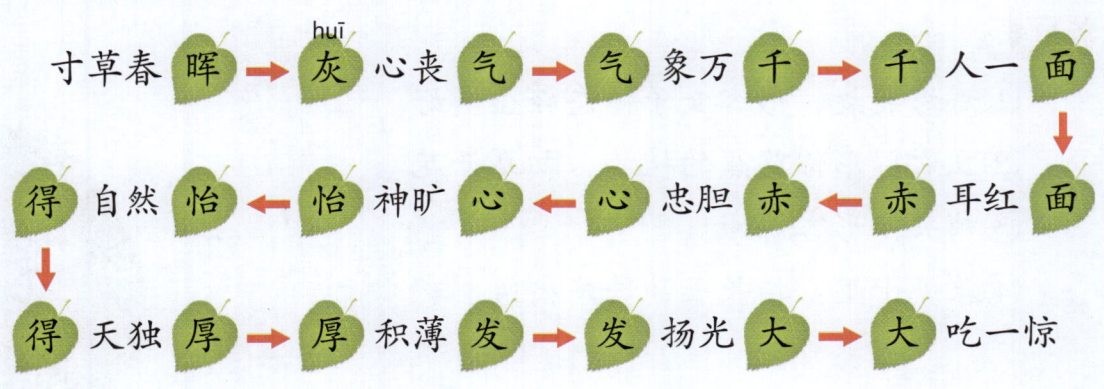

成语接龙

寸草春晖 → 灰(huī)心丧气 → 气象万千 → 千人一面

得自然怡 ← 怡神旷心 ← 心忠胆赤 ← 赤耳红面

得天独厚 → 厚积薄发 → 发扬光大 → 大吃一惊

日积月累

描写亲情的成语

寸草春晖　天伦之乐　老牛舐犊（shì dú）　含饴（yí）弄孙

掌上明珠　骨肉相连　血浓于水　父慈子孝

一脉同气　兄友弟恭　手足之情　煮豆燃萁（rán qí）

豆蔻年华

遇见诗词

娉娉袅袅①十三余,豆蔻②梢头③二月初。
春风十里④扬州路,卷上珠帘总不如。

——[唐]杜牧《赠别》(其一)

注释

①娉娉袅袅:形容女子体态轻盈美好。
②豆蔻:形似芭蕉的植物,初夏开花。
③梢头:形容娇嫩。
④春风十里:指长长的繁华街道。

大意

十三四岁的少女姿态袅娜,举止轻盈美好,
就像二月里含苞待放,初现梢头的豆蔻花。
春风吹过十多里长的扬州街上,
珠帘翠幕中的佳人没有一个比得上她。

豆蔻年华

成语小课堂

释义 如同豆蔻花苞一样的年华。比喻十三四岁少女的美好年华。

例句 少女们正值豆蔻年华，浑身洋溢着青春的活力。

反义 桑榆暮景

成语接龙

豆蔻年**华** — **华**而不**实** — **实**事求**是** — **是**非曲**直**

直截了**当**(dàng) — **当**(dāng)务之**急** — **急**于求**成** — **成**人之**美**

美中不**足** — **足**智多**谋** — **谋**事在**人** — **人**定胜天

日积月累

关于古代不同年龄称谓的成语

豆蔻年华　呱呱（gū gū）坠地　乳臭（xiù）未干　年方及笄（jī）

弱冠之年　花信年华　而立之年　不惑之年　花甲之年

古稀之年　年逾古稀　耄耋（mào dié）之年　期颐（yí）之寿

059

5~6年级

明月清风

遇见诗词

明月别枝惊鹊①，清风半夜鸣蝉。稻花香里说丰年，听取蛙声一片。七八个星天外，两三点雨山前。旧时茅店社②林边，路转溪桥忽见③。

——[宋] 辛弃疾《西江月·夜行黄沙④道中》

注释

①别枝惊鹊：惊动喜鹊飞离树枝。②社：旧指祭土地神的庙。③见：同"现"。④黄沙：黄沙岭，在江西上饶的西面。

大意

明月升上树梢，惊扰喜鹊飞离枝头，半夜清风送来阵阵蝉鸣。稻花飘香，人们畅谈丰收的好年景，耳边传来一片蛙鸣声。

天空中闪烁着几颗星星，青山前飘来几滴雨点。往日土地庙附近树林边的茅屋小店在哪儿？到了溪桥再拐个弯，茅店忽然出现在眼前。

明月清风

成语小课堂

释义 皎洁的月色，清凉的风。形容清雅怡人的夜色。也形容远离世俗的悠闲生活。也作"清风明月"。

例句 这里明月清风、鸟语花香，环境真是太优美了。

近义 月白风清

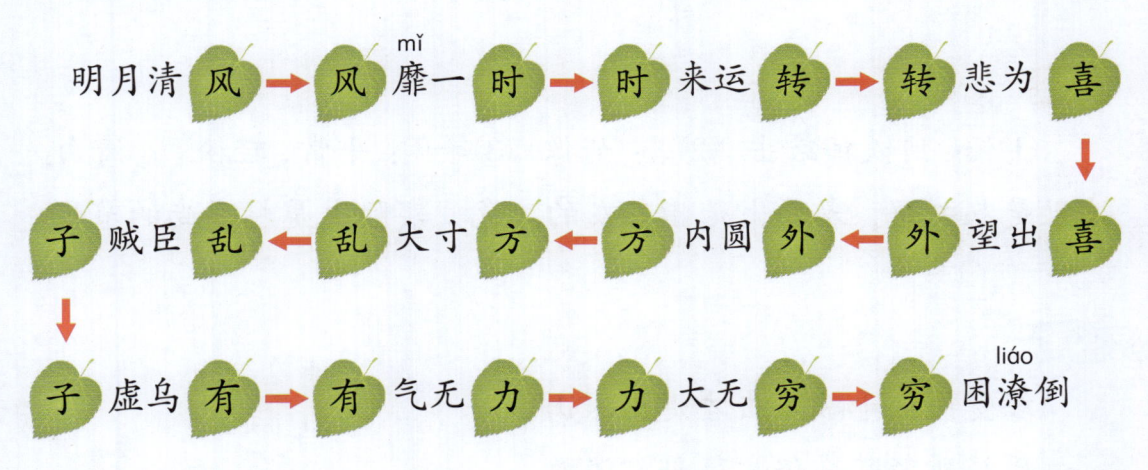

成语接龙

明月清风 → 风靡(mǐ)一时 → 时来运转 → 转悲为喜

子贼臣乱 ← 乱大寸方 ← 方内圆外 ← 外望出喜

子虚乌有 → 有气无力 → 力大无穷 → 穷困潦(liáo)倒

日积月累

描写夜景的成语

明月清风　灯火辉煌　月黑风高　月明如水　月朗风清

月明星稀　火树银花　月色朦胧　灯火阑珊(lán shān)

夜深人静　万家灯火　月落星沉　皓月千里

粉身碎骨

千锤①万凿出深山，烈火焚烧若②等闲③。
粉骨碎身浑不怕，要留清白④在人间。

——[明] 于谦《石灰吟》

注释

①锤：用铁锤敲击。②若：好像。③等闲：平常，轻松。④清白：这里是双关语，表面上是指石灰的颜色，实际上是指高尚的节操。

大意

经受铁锤千敲万击才走出深山，
历经烈火焚烧仍觉得平常淡然。
即使粉身碎骨也不害怕，
只要能留住清白在人世间。

成语小课堂

释义 身躯粉碎。指丧失生命。多指为某种目的而丧生。

例句 为了人民的利益，粉身碎骨我也在所不惜。

近义 肝脑涂地

成语接龙

成语迷宫

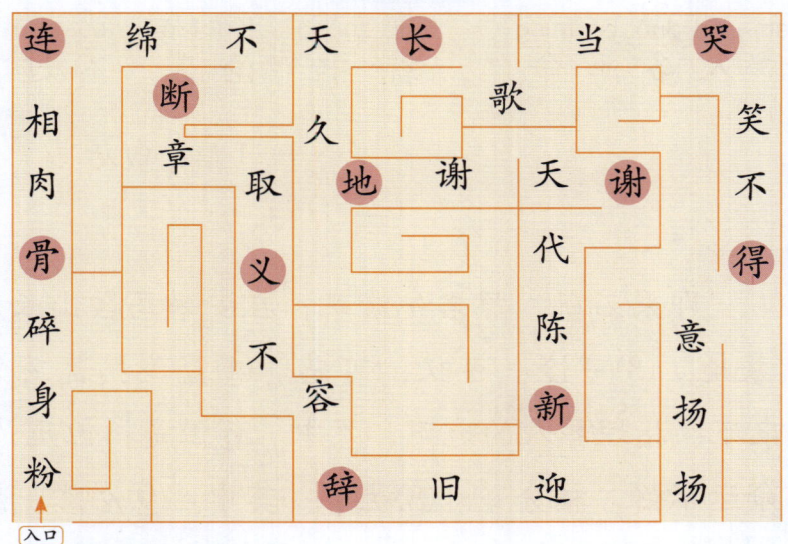

连绵不断章取义 天长地久 当歌 谢天谢地 哭笑不得 陈代新迎旧辞 粉身碎骨肉相连 意扬扬

（入口：粉身碎骨→骨肉相连→连绵不断→断章取义→义不容辞→辞旧迎新→新陈代谢→谢天谢地→地久天长→长歌当哗→哭笑不得→得意扬扬）

日积月累

形容坚毅或动摇的成语

坚毅：百折不挠 持之以恒 坚定不移 坚韧不拔 愚公移山
　　　精卫填海 坚持不懈 金石为开

动摇：半途而废 见异思迁 浅尝辄（zhé）止 一曝（pù）十寒
　　　有始无终 虎头蛇尾 三天打鱼，两天晒网

063

5~6年级

惊天动地
jīng tiān dòng dì

遇见诗词

采石①江边李白坟，绕田②无限草连云。
可怜③荒陇④穷泉⑤骨，曾有惊天动地文。
但是⑥诗人多薄命⑦，就中⑧沦落⑨不过君⑩。

——[唐]白居易《李白墓》

注释

①采石：即采石矶，原名牛渚矶，在安徽马鞍山长江东岸。②田：指墓地。③可怜：可叹，可悲。④荒陇：荒芜的坟墓。⑤穷泉：泉下，指埋葬人的地下，墓中。⑥但是：但凡是，只是。⑦薄命：命运不好，福分差。⑧就中：其中。⑨沦落：落魄，穷困失意。⑩君：指李白。

大意

采石江边有着李白的坟，坟地周围有无边的野草向着天边肆意蔓延。

可悲的是这荒坟深穴中的枯骨，（当他还在人世时）曾经写过惊天动地的诗文。

但凡是杰出的诗人，大都命运多舛（chuǎn），其中穷困失意的都比不过李白。

064

惊天动地

成语小课堂

释义 惊：使惊动。动：使震动。使天地惊恐震动。形容声响巨大、声势浩大或意义、影响重大，令人震惊或感动。

例句 随着一声惊天动地的巨响，中国第一颗原子弹爆炸成功。

近义 震天动地

反义 无声无息

成语接龙

惊天动地 → 地利人和 → 和颜悦色 → 色胆包天 → 天经地义 → 义正词严 → 严阵以待 → 待人接物 → 物以类聚 → 聚精会神 → 神机妙算 → 算无遗策

日积月累

描写气势的成语

惊天动地　翻江倒海　风起云涌　撼（hàn）天动地

威风凛（lǐn）凛　气势磅礴（páng bó）　气吞山河

地动山摇　声势浩大　气贯长虹　其势汹汹　波澜壮阔

065

万紫千红

遇见诗词

胜日①寻芳②泗水③滨,无边光景一时新。
等闲④识得东风⑤面,万紫千红总是春。

——[宋]朱熹《春日》

注释

①胜日:天气晴朗的日子。②寻芳:春游踏青。③泗水:古河名,在今山东境内。④等闲:平常。⑤东风:春风。

大意

明媚的春光里,我来到泗水边春游赏花,
那里无边无际的风光景物焕然一新。
处处可以领略到拂面而来的春风,
万紫千红,到处都是春天的美景。

万紫千红

成语小课堂

释义 形容百花盛开、绚丽多彩的繁华景象。比喻事物丰富多彩，繁荣兴盛。

例句 春天就像一位画师，为大地绘出万紫千红。

近义 百花齐放 姹紫嫣红

反义 一花独放 百花凋零

成语接龙

万紫千红 → 红红火火 → 火上浇油 → 油尽灯枯 → 枯木逢春 → 春暖花开 → 开枝散叶 → 叶公好龙 → 龙争虎斗 → 斗志昂扬 → 扬眉吐气 → 气急败坏

日积月累

形容事物丰富多彩的成语

万紫千红　鳞次栉（zhì）比　比比皆是　琳琅满目
花团锦簇（cù）　五花八门　五彩缤纷　层出不穷　五光十色
斑驳陆离　目不暇接　包罗万象　林林总总　形形色色

5~6年级

泣涕如雨
（qì tì rú yǔ）

遇见诗词

迢迢牵牛星，皎皎河汉女。
纤纤擢①素手，札札弄机杼②。
终日不成章，泣涕零如雨。
河汉清且浅，相去复几许③。
盈盈④一水间，脉脉⑤不得语。

——《古诗十九首》

注释

①擢：引，抽。②杼：织布机上的梭子。③复几许：又有多远。④盈盈：清澈、晶莹的样子。⑤脉脉：相视无言的样子。

大意

看那遥远而亮洁的牵牛星，那皎洁而遥远的织女星。
织女伸出柔长洁白的双手，织布机响个不停。
因为相思整天也织不出成匹的布帛，她哭泣的泪水零落如雨。
这银河看起来又清又浅，两岸相隔又有多远呢？
虽然只隔一条清浅的河流，但他俩却只能默默相视无言。

成语小课堂

释义 眼泪像下雨一样往下流。形容哭得非常伤心。

例句 提起去世的爷爷，奶奶就泣涕如雨，泪湿衣衫。

近义 泪如雨下

反义 喜上眉梢

成语接龙

泣涕如雨 → 雨后春笋(sǔn) → 损(sǔn)兵折将(jiàng)

将(jiāng)心比心 → 心直口快 → 快人快语

语重心长 → 长年累月 → 月明星稀

稀世之宝 → 宝刀未老 → 老当益壮

日积月累

形容悲痛伤心的成语

泣涕如雨　悲痛欲绝　肝肠寸断　泪如泉涌　泪如雨下
潸(shān)然泪下　痛定思痛　痛不欲生　兔死狐悲
万箭穿心　心如刀绞　呼天抢(qiāng)地　泣不成声

5~6年级

少壮不努力，老大徒伤悲

遇见诗词

青青园中葵，朝露待日晞①。
阳春布②德泽③，万物生光辉。
常恐秋节④至，焜⑤黄华⑥叶衰。
百川东到海，何时复西归？
少壮⑦不努力，老大徒⑧伤悲！

——汉乐府《长歌行》

注释

①晞：晒干。②布：广泛施与。③德泽：恩惠。④秋节：秋天。⑤焜：明亮。⑥华：同"花"。⑦少壮：指年轻力壮的时候。⑧徒：白白地。

大意

园中那青绿的葵菜，叶上的露珠将被太阳晒干。
温暖的春天把阳光雨露洒向大地，让世间万物充满勃勃生机。
常常担忧秋天到来，那时将会百花凋零、草木枯黄。
千百条江河向东流入大海，什么时候会再向西流回？
青少年时期不努力，到年老的时候就只能白白地悲伤叹息了。

少壮不努力，老大徒伤悲

成语小课堂

释义 年轻时不努力，到了老年就只能白白地悲伤后悔了。常用于鼓励青年及时立志向上。

例句 青少年一定要珍惜时光，努力学习，否则就会有"少壮不努力，老大徒伤悲"的结局。

成语接龙

"少壮不努力，老大徒伤悲"诗句逐字成语接龙

少年得志	壮志凌云	不遗余力	努目横眉
力排众议	老当益壮	大器晚成	徒有虚名
伤天害理	悲天悯人		

日积月累

表示劝勉的成语

少壮不努力，老大徒伤悲　过犹不及　好自为之　回头是岸　戒骄戒躁　良药苦口　逆水行舟　勤能补拙（zhuō）　时不我待　忠言逆耳　天道酬（chóu）勤　择善而从　苦口婆心

5~6年级

司空见惯

遇见诗词

高髻云鬟①宫样妆,春风一曲杜韦娘②。
司空③见惯浑④闲事⑤,断尽苏州刺史⑥肠。

——[唐] 刘禹锡《赠李司空妓》

注释

①高髻云鬟:形容女人发髻之美。

②杜韦娘:唐代教坊曲名,后用作词牌名。杜韦娘本为唐代歌妓,后教坊遂以其名制为曲调。

③司空:古代官职名,这里指李绅。

④浑:简直。

⑤闲事:常事。

⑥苏州刺史:指诗人自己。

大意

梳着高高的环形发髻,配着满身宫妆,
一曲《杜韦娘》像春风般拂过宴席。
李司空对此是见惯了,习以为常,
我这个苏州刺史见了却愁肠尽断。

司空见惯

成语小课堂

释义 表示经常看到，不足为奇。

例句 现在的网上购物已经是司空见惯的事了。

近义 习以为常　屡见不鲜

反义 少见多怪　闻所未闻

成语接龙

司空见惯 → 贯(guàn)穿今古 → 古往今来 → 来之不易 → 易(掌)反知易 → 珠明上掌 → 合璧联珠 → 嘴拢不合 → 嘴硬心软 → 软弱无力 → 力排众议 → 纷纷论议

日积月累

描写认知与感受的成语

司空见惯　不可名状　不足为奇　差(chā)强人意　耳目一新
匪夷所思　管中窥(kuī)豹　莫名其妙　扑朔(shuò)迷离
沁人心脾　酸甜苦辣　显而易见　见微知著　不识好歹

073

走马观花

遇见诗词

昔日龌龊①不足夸②,今朝放荡③思无涯。
春风得意④马蹄疾,一日看尽长安花。

——[唐] 孟郊《登科后》

注释

①龌龊:这里指不如意的处境。
②不足夸:不值得提起。
③放荡:自由自在,不受约束。
④得意:指考取功名,称心如意。

大意

以往不如意的处境再也不值得一提,今日心情舒畅神采飞扬,兴致高涨。迎着浩荡春风得意地纵马奔驰,就好像一天就可以看完长安似锦的繁华。

走马观花

成语小课堂

释义 走：跑。骑在奔跑的马上看花。原形容得意愉悦的情态。今多比喻粗略地观察事物或了解情况不深入细致。

例句 干部到基层视察工作，要仔细了解情况，不能走马观花。

近义 浮光掠影

反义 下马看花

十二生肖成语接龙

胆小如鼠　目无全牛　生龙活虎

动如脱兔　叶公好龙(qí)　打草惊(jǐng)蛇

单枪匹马　歧路亡羊　杀鸡儆猴

呆若木鸡　偷鸡摸狗　一龙一猪

日积月累

形容马虎的成语

走马观花　粗心大意　粗枝大叶　掉以轻心　漫不经心

敷衍(fū yǎn)了事　敷衍塞责　浮光掠影　三心二意

心猿意马　心不在焉　蜻蜓点水　马马虎虎　丢三落四

5~6年级

心有灵犀一点通

遇见诗词

昨夜星辰昨夜风，画楼①西畔桂堂②东。
身无彩凤双飞翼，心有灵犀③一点通。
隔座送钩④春酒暖，分曹⑤射覆⑥蜡灯红。
嗟余听鼓应官⑦去，走马兰台⑧类转蓬。

——[唐]李商隐《无题二首》（其一）

注释

①画楼：雕饰华丽的高楼。②桂堂：泛指华美的厅堂。③灵犀：据说犀牛有神异，能以角表灵。④送钩：也称藏钩，是行酒时的一种游戏。⑤分曹：分组。⑥射覆：在覆器下放着东西令人猜。⑦听鼓应官：听到鼓声而上朝。⑧兰台：即秘书省，掌管图籍秘书。

大意

昨夜星光灿烂，夜半却有习习凉风；我们的酒筵设在画楼西畔、桂堂之东。

身上虽没有彩凤的双翼，不能比翼齐飞；但你我内心却像灵犀一样，感情息息相通。

隔着座位互相猜钩嬉戏，对饮春酒暖心；泛红烛光下分组来行酒令，决一胜负。

可叹啊，听到五更鼓应该上朝点卯；策马赶到兰台，像随风飘转的蓬蒿。

成语小课堂

释义 原比喻恋爱中的男女两心相通。后比喻双方心意相通,对彼此的思想心领神会。

例句 我们母女俩心有灵犀一点通,都同时想到了一个地方。

近义 心心相印

反义 格格不入 貌合神离

成语接龙

心有灵犀一点 通 → 通 宵达 旦 → 旦 夕祸 福

花 银树 火 ← 火 蹈汤 赴 ← 赴 汤蹈火 全 ← 全 双寿 福

花 枝招 展 → 展 翅高 飞 → 飞 来横 祸 → 祸 不单行

日积月累

与人类美好情感有关的成语(一)

心有灵犀一点通 比翼双飞 白头偕(xié)老 举案齐眉
相濡(rú)以沫 情窦(dòu)初开 海枯石烂 一见钟情
海誓山盟 含情脉脉 花好月圆 至死不渝(yú)

5~6年级

杨柳依依

遇见诗词

昔①我往矣,杨柳依依②。
今我来思③,雨雪霏霏④。
行道迟迟,载渴载饥。
我心伤悲,莫知我哀!

——《诗经·采薇⑤》(节选)

注释

①昔:从前。②依依:形容树枝柔弱,随风摇摆的样子。③思:语气助词。④霏霏:雪下得很大的样子。⑤薇:草本植物,又叫野豌豆。

大意

回想当初离乡从军的时候,杨柳随风摇摆。
如今回来的路上,大雪纷纷满天飞扬。
道路泥泞行走迟缓,又渴又饿很劳累。
满心伤感满腔悲伤,我的哀痛谁能体会!

成语小课堂

释义 依依：轻轻摆动的样子。形容杨柳枝条轻轻摆动的景象。

例句 春天来了，杨柳依依，到处都是春的气息。

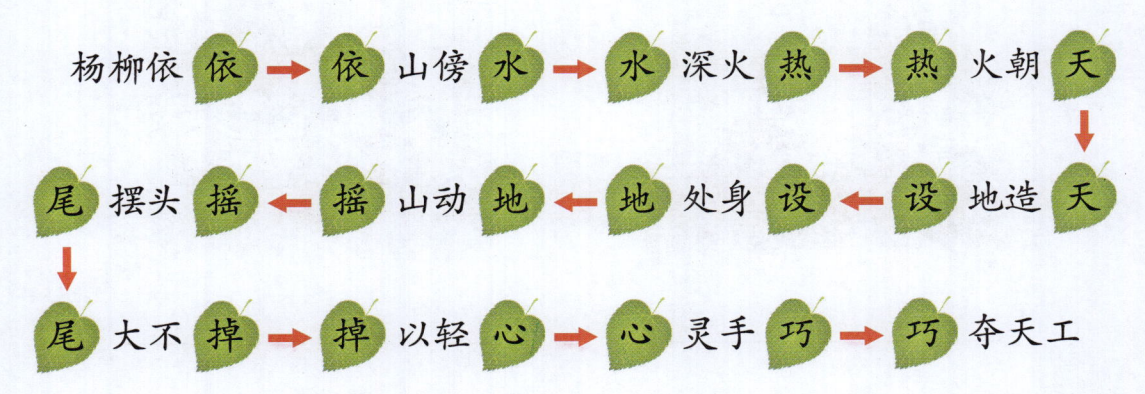

成语接龙

杨柳依依 → 依山傍水 → 水深火热 → 热火朝天

尾摆头摇 ← 摇山动地 ← 地处身设 ← 设地造天

尾大不掉 → 掉以轻心 → 心灵手巧 → 巧夺天工

日积月累

ABCC 式成语

杨柳依依　得意扬扬　虎视眈眈　两手空空　怒气冲冲
气喘吁吁　热气腾腾　生机勃勃　威风凛凛　文质彬彬
相貌堂堂　小心翼翼　议论纷纷　人才济济　死气沉沉

5~6年级

练一练

一、在 ◯ 内填入意思相反的字，将成语补充完整。

畏 ◯ 畏 ◯　　居 ◯ 思 ◯　　◯ ◯ 离合

人情 ◯ ◯　　寒 ◯ 暑 ◯　　男女 ◯ ◯

二、看图猜成语。

1.＿＿＿＿＿＿＿＿＿＿　　2.＿＿＿＿＿＿＿＿＿＿

三、圈出下列字中藏着的成语。

顾	屈	形	万	色	崖	火	怒
成	影	悬	水	千	山	下	居
首	竹	自	沸	粉	身	临	高
惊	天	动	怜	腾	孤	碎	骨
河	胸	迎	地	风	芳	自	赏

课外拓展

- 小家碧玉
- 亭亭玉立
- 左右为难
- 空前绝后
- 剪烛西窗
- 东张西望
- 方位
- 国色天香
- 闭月羞花
- 百折不挠
- 愚公移山
- 张灯结彩
- 外貌
- 持之以恒
- 川流不息
- 品德
- 长风破浪
- 柳暗花明
- 荒无人烟
- 人面桃花
- 青梅竹马
- 环境
- 雾里看花
- 万籁俱寂
- 植物
- 白纸黑字
- 大呼小叫
- 闻鸡起舞
- 专心致志
- 绿肥红瘦
- 取长补短
- 悬梁刺股
- 学习
- 反义
- 废寝忘食

暗香疏影

遇见诗词

众芳摇落独暄妍①，占尽风情向小园。
疏影②横斜水清浅，暗香浮动月黄昏③。
霜禽④欲下先偷眼⑤，粉蝶如知合⑥断魂⑦。
幸有微吟可相狎⑧，不须檀板⑨共金樽⑩。

——[宋]林逋《山园小梅》（其一）

注释

①暄妍：景物明媚鲜丽，这里是形容梅花。②疏影：指梅枝的形态。③黄昏：指月色朦胧。④霜禽：羽毛为白色的鸟。⑤偷眼：偷偷地窥看。⑥合：应该。⑦断魂：形容神往，犹指销魂。⑧狎：玩赏、亲近。⑨檀板：这里泛指乐器。⑩金樽：豪华的酒杯，此处指饮酒。

大意

百花凋零，独有梅花迎着寒风昂然盛开；那明媚艳丽的景色把小园的风光占尽。

枝干稀疏的影儿，倒映在清浅的水中；清幽的芬芳浮动在朦胧的月光之下。

鸟儿想飞下来时，先偷看梅花一眼；蝴蝶如果知道梅花的美，定会销魂失魄。

幸好我能低声吟诵，和梅花亲近；不用敲着乐器唱歌，执着金杯饮酒就可欣赏它了。

成语小课堂

释义 梅花清幽的香气和枝干稀疏的投影。形容梅花的容姿和芳香。也指代梅花。

例句 这皑皑白雪，暗香疏影，使他不由得想起故乡冬日的雪景。

成语接龙

暗香疏影　影单形只　只字不提

提心吊胆　胆大心细　细水长流

流离失所　所向披靡　靡靡之音

音容笑貌　貌美如花　花前月下

日积月累

描写"岁寒三友"的成语

梅：暗香疏影　梅妻鹤子　傲雪欺霜　雪胎梅骨
松：苍松翠柏　鹤骨松筋　岁寒松柏　松柏之茂
竹：高风亮节　茂林修竹　竹报平安　雨后春笋

课外拓展

白发千丈
（bái fà qiān zhàng）

遇见诗词

白发三千丈①，缘②愁似个③长。
不知明镜里，何处得秋霜④。

——[唐]李白《秋浦⑤歌》（其十五）

注释

① 三千丈：形容很长很长。
② 缘：因为。
③ 个：这般。
④ 秋霜：秋天的白霜。这里比喻白发。
⑤ 秋浦：地名，在今安徽池州西。

大意

白发长到三千丈，
是因为我的忧愁也有这么长。
不知道明亮的镜子里，
从什么地方得来白发如秋霜。

白发千丈

成语小课堂

释义 形容人因忧愁而容颜衰老，头发又白又长。

例句 经历了那样的事，李老师似乎一夜之间白发千丈。

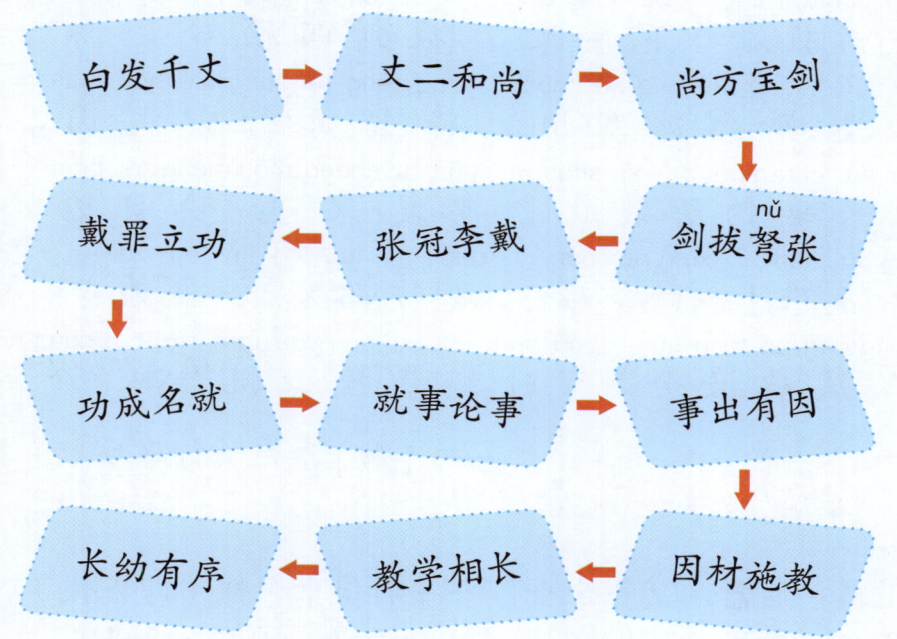

成语接龙

白发千丈 → 丈二和尚 → 尚方宝剑 → 剑拔弩（nǔ）张 → 张冠李戴 → 戴罪立功 → 功成名就 → 就事论事 → 事出有因 → 因材施教 → 教学相长 → 长幼有序

日积月累

含有数字的成语

白发千丈　一本正经　独一无二　两面三刀　三番五次
三更半夜　四通八达　五湖四海　七上八下　横七竖八
九牛一毛　九牛二虎之力　百发百中　千篇一律

课外拓展

长风破浪

遇见诗词

金樽①清酒斗十千②，玉盘珍羞③直④万钱。
停杯投箸⑤不能食，拔剑四顾心茫然。
欲渡黄河冰塞川，将登太行雪满山。
闲来垂钓碧溪上，忽复乘舟梦日边。
行路难！行路难！多歧路，今安在？
长风破浪会⑥有时，直挂云帆⑦济⑧沧海。

——[唐]李白《行路难》（其一）

注释

①樽：酒器。②斗十千：一斗酒值十千钱（即万钱），形容酒美价贵。③羞：同"馐"，美味的食物。④直：同"值"，价值。⑤箸：筷子。⑥会：终将。⑦云帆：高高的帆。⑧济：渡。

大意

金杯里的美酒一斗十千钱，玉盘里的佳肴也值万钱。

放下酒杯和筷子，我吃不下去；拔出宝剑，环顾四方，我心中迷茫。

我想渡河，坚冰堵塞大川；我想登太行，大雪满山。

闲时坐在溪边像姜太公一样钓鱼，也曾像伊尹一样梦见乘船从日月边经过。

行路艰难，行路真是艰难！人生岔路多，我现在往哪里去？

总有一天，我会乘长风破万里浪，高挂云帆横渡大海，去实现人生的抱负。

成语小课堂

释义 长风：从远处吹来的风，大风。指乘着大风，破浪前进。也形容为了实现远大理想而冲破阻力，奋勇前进。

例句 轮船在大海中长风破浪地前进着。

近义 劈波斩浪

反义 裹足不前

成语接龙

长风破浪 浪子回头 头头是道 道听途说

说长道短 短兵相接 接二连三 三心二意

意气用事 事无巨细 细水长流 流连忘返

日积月累

形容勇敢的成语

长风破浪 当仁不让 奋不顾身 敢作敢为 浑身是胆 见义勇为
临危不惧 挺身而出 一马当先 一往无前 以一当十 勇往直前

课外拓展

剪烛西窗

遇见诗词

君问归期未有期,巴山①夜雨涨秋池。
何当②共剪西窗烛③,却话④巴山夜雨时。

——[唐]李商隐《夜雨寄北》

注释

①巴山:泛指今天川东一带的山。
②何当:何时将要。
③烛:蜡烛。
④却话:回头说,追述。

大意

你问我什么时候回来我还不能确定,秋天的巴山,夜雨涨满了水池。什么时候能坐在西窗前和你共剪烛花,再来叙说巴山夜雨时的心情。

成语小课堂

释义 剪烛：修剪烛花。原指思念远方妻子，盼望相聚，秉烛长叙离别之情。后泛指同亲友相逢聚谈。

例句 姐妹们正剪烛西窗，畅谈心曲。

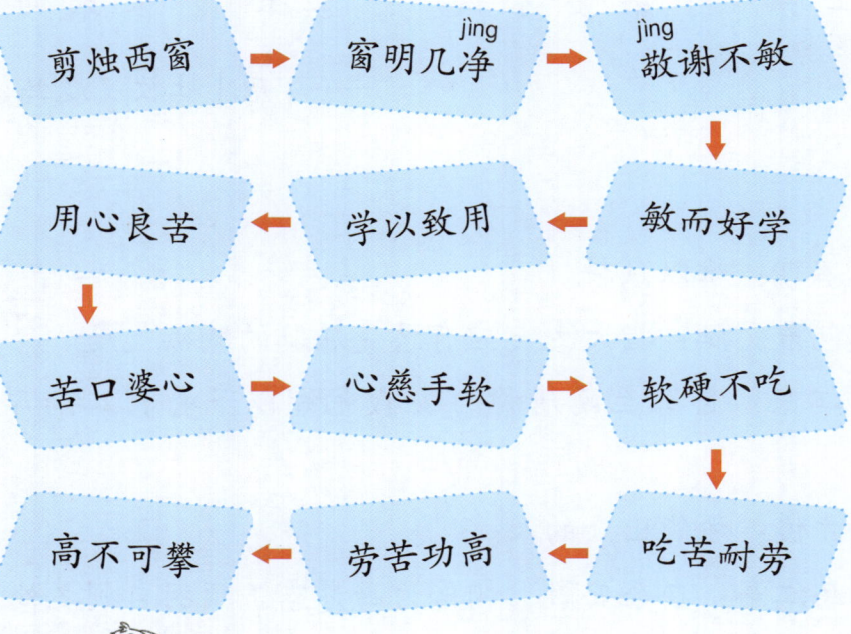

成语接龙

剪烛西窗 → 窗明几净（jìng）→ 敬（jìng）谢不敏 ↓

用心良苦 ← 学以致用 ← 敏而好学

↓

苦口婆心 → 心慈手软 → 软硬不吃

↓

高不可攀 ← 劳苦功高 ← 吃苦耐劳

日积月累

描写相聚的成语

剪烛西窗 久别重逢 欢聚一堂 高朋满座 群贤毕至
济济一堂 杯酒言欢 旧雨重逢 骨肉团圆 破镜重圆
鹊桥相会 对床夜语 班荆道故 巴山夜雨

课外拓展

卷土重来

遇见诗词

胜败兵家事不期①，包羞忍耻②是男儿。
江东③子弟多才俊④，卷土重来未可知。

——[唐]杜牧《题乌江亭⑤》

注释

①不期：难以预料。

②包羞忍耻：指大丈夫应有忍受屈耻的胸襟气度。

③江东：自汉至隋唐称自安徽芜湖以下的长江南岸地区为江东。

④才俊：才能出众的人。

⑤乌江亭：在今安徽，相传为西楚霸王项羽自刎之处。

大意

胜败乃是兵家常事，难以事前预料，
能够忍受失败和耻辱的才是真正的男儿。
江东子弟大多是才能出众的人，
若能重整旗鼓杀回来，楚汉相争，
谁输谁赢还很难说。

成语小课堂

释义 卷土：卷起尘土，形容众多人马奔驰。比喻遭受挫折或失败以后，重新恢复势力。也比喻消失了的人或事物重新出现。

例句 将军料定敌人会卷土重来，做好了应战的各种准备。

近义 东山再起

反义 一蹶（jué）不振

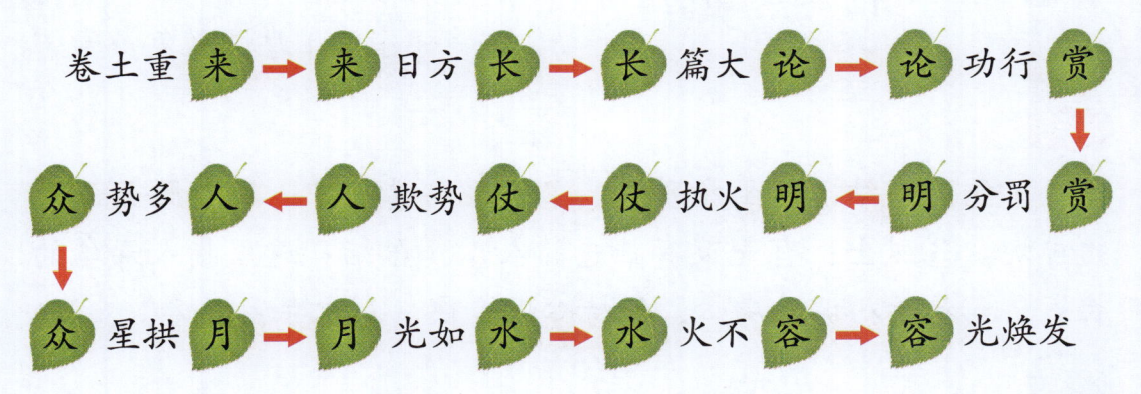

成语接龙

卷土重**来** → **来**日方**长** → **长**篇大**论** → **论**功行**赏**

众势多**人** ← **人**欺势**仗** ← **仗**执火**明** ← **明**分罚**赏**

众星拱**月** → **月**光如**水** → **水**火不**容** → **容**光焕发

日积月累

形容失败的成语

丢盔弃甲　溃（kuì）不成军　寡不敌众　两败俱伤　片甲不留

损兵折将　逃之夭（yāo）夭　望风而逃　一败涂地　一触即溃

人仰马翻　束手就擒　弃甲曳（yè）兵　土崩瓦解

课外拓展

老骥伏枥，志在千里

遇见诗词

神龟虽寿，犹有竟①时；腾蛇②乘雾，终为土灰。
老骥伏枥，志在千里；烈士③暮年，壮心不已。
盈缩④之期，不但在天；养怡⑤之福，可得永年⑥。
幸甚至哉，歌以咏志。

——[东汉]曹操《龟虽寿》

注释

①竟：终结，这里指死去。②腾蛇：传说中一种能腾云驾雾的神蛇。③烈士：有气节有壮志的人。④盈缩：这里指人寿命的长短。⑤养怡：调养身心，保持心情愉快。⑥永年：长寿。

大意

神龟的寿命虽然长久，但也有生命终结的时候；
腾蛇尽管能乘雾飞行，终究也会死亡化为土灰。
年老的千里马躺在马棚里，它的雄心壮志仍然是一日驰骋千里；
有远大抱负的人到了晚年，奋发思进的雄心不会停止。
人的寿命长短，不只是由上天所决定的；
只要自己调养好身心，也可以益寿延年。
我非常高兴，要用这首诗歌来表达内心的感受。

老骥伏枥，志在千里

成语小课堂

释义 骥：良马。枥：马槽。伏枥：指被关在马圈里。老骏马虽卧伏在马槽边，仍然渴望驰驱千里。比喻人虽年老却仍有雄心壮志。

例句 老先生快八十岁了，仍笔耕不辍，真是"老骥伏枥，志在千里"。

近义 老当益壮

反义 老气横秋

成语接龙

老骥伏枥，志在千里　里外夹攻

攻城略地　地老天荒　荒诞不经

经久不息　息息相关　关怀备至

至高无上　上下其手　手舞足蹈

日积月累

描写壮志豪情的成语

老骥伏枥，志在千里　斗志昂扬　九天揽月　凌云壮志
气冲霄汉　气贯长虹　鸿鹄之志　气吞山河　胸怀大志
白首之心　意气风发　纵横驰骋（chí chěng）　老当益壮

课外拓展

柳暗花明

遇见诗词

莫笑农家腊酒①浑②,丰年留客足鸡豚③。
山重水复④疑无路,柳暗花明又一村。
箫鼓⑤追随春社近,衣冠简朴古风存。
从今若许闲乘月⑥,拄杖无时⑦夜叩门。

——[宋]陆游《游山西村》

注释

①腊酒:腊月里酿造的酒。②浑:浑浊。酒以清为贵。③足鸡豚:备足鸡肉、猪肉。④山重水复:一座座山、一道道水重重叠叠。⑤箫鼓:吹箫打鼓。⑥闲乘月:趁着月明来闲游。⑦无时:没有固定的时间,即随时。

大意

不要笑农家腊月里酿的酒浑浊不醇厚,在丰收的年景里农家待客菜肴非常丰盛。

山峦重叠水流曲折正担心无路可走,柳绿花艳间忽然眼前又出现一个山村。

将近社日,一路上迎神的箫鼓声随处可闻,村民们衣冠简朴古代风气仍然保存。

今后如果还能趁大好月色出外闲游,我一定拄着拐杖随时来敲你的家门。

成语小课堂

释义 形容绿柳成荫、繁花鲜艳的美景。也比喻经过一番曲折后，出现新的局面。多指在困境中出现转机、看到希望。

例句 经过大家的共同努力，企业出现了柳暗花明的转机，逐渐摆脱了困境。

近义 峰回路转

反义 山穷水尽

成语接龙

柳暗花明 — 明哲保身 — 身经百战 — 战无不胜 — 胜券(quàn)在握 — 握手言欢 — 欢天喜地 — 地大物博 — 博古通今 — 今非昔比 — 比比皆是 — 是非不分

日积月累

形容困难的成语

鞭长莫及　步履(lǚ)维艰　寸步难行　大海捞针

独木难支　海底捞月　积习难改　逆水行舟　走投无路

螳臂当车　蚍蜉撼树　无能为力　众口难调

绿肥红瘦

遇见诗词

昨夜雨疏风骤①,浓睡②不消残酒③。
试问卷帘人④,却道海棠依旧。
知否,知否?应是绿肥红瘦⑤。

——[宋]李清照《如梦令》

注释

①雨疏风骤:雨点稀疏,晚风急猛。②浓睡:酣睡。③残酒:隔夜的醉意。④卷帘人:指侍女。⑤绿肥红瘦:绿叶繁茂,红花凋零。

大意

昨夜里风声紧雨声稀,沉沉的一觉也未能消解隔夜的醉意。

试探着问卷帘的侍女外面怎样,却回答说海棠花儿依然如旧。

粗心的侍女你可知道,一夜风雨后,海棠的红花应该更加稀疏,绿叶应该更加肥厚。

成语小课堂

释义 肥：指茂盛。瘦：指稀疏。绿叶茂盛而花朵稀疏。多形容暮春景象。

例句 处于暮春时节的桂林，绿肥红瘦，江水盈盈，美极了！

近义 绿暗红稀

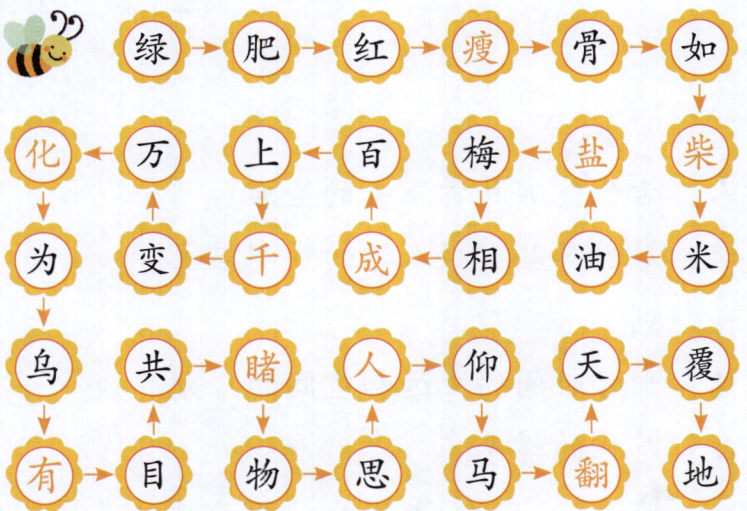

成语接龙

绿→肥→红→瘦→骨→如
化←万←上←百←梅←盐←柴
为→变→千→成→相←油←米
乌→共→睹←人←仰←天←覆
有→目→物→思→马→翻→地

日积月累

含有反义词的成语

绿肥红瘦　长话短说　惩恶扬善　从头到尾　大呼小叫
久别重逢　居安思危　内忧外患　人情冷暖　由近及远
争先恐后　无独有偶　前俯后仰　畏首畏尾　伸头缩颈

课外拓展

前无古人

遇见诗词

前不见古人①,后不见来者②。
念③天地之悠悠④,独怆然⑤而涕下!

——[唐]陈子昂《登幽州台⑥歌》

注释

①古人:古代能够礼贤下士的圣君。
②来者:后世那些重视人才的贤明君主。
③念:想到。
④悠悠:形容时间的久远和空间的广大。
⑤怆然:悲伤的样子。
⑥幽州台:蓟北楼,是战国时燕昭王为招纳天下贤士所建,故址在今北京西南。

大意

向前见不到往昔招贤的圣君,
向后看不到后世求才的明君。
只有那苍茫大地悠悠无限,
我独自凭吊,眼泪纵横凄恻悲愁。

成语小课堂

释义 本意是慨叹古代的贤君已经消逝,未来的明主也未及见到。指以前的人从来没有做过的,前所未有。也指空前的。

例句 沙漠变绿洲是前无古人之举。

近义 前所未有 史无前例

反义 司空见惯

成语接龙

成语迷宫

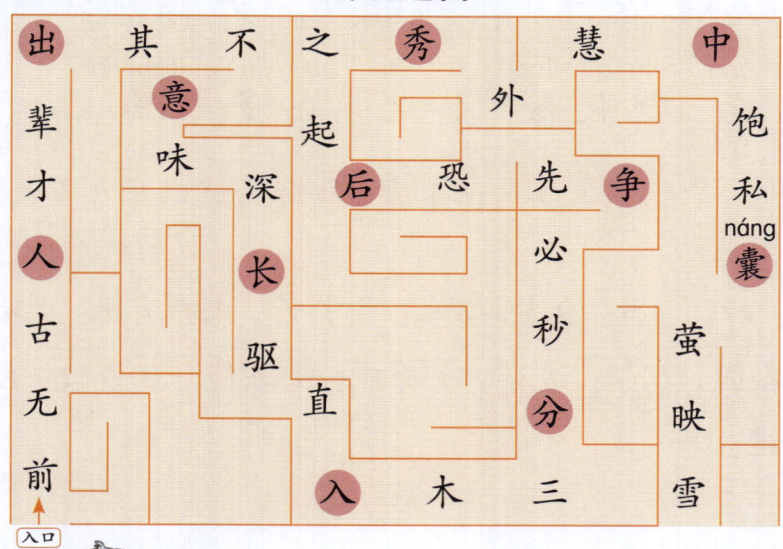

出其不意之秀慧中
辈 意 起外 饱
才味深 私
人 长后恐先争náng
古 驱 必 囊
无 秒萤
前 直分映
   入木三 雪

（入口）

日积月累

形容事物罕见的成语

前无古人 百年不遇 千载难逢 出类拔萃（cuì） 不可多得

举世无双 亘（gèn）古未有 空前绝后 闻所未闻 卓尔不群

一枝独秀 与众不同 稀奇古怪 旷（kuàng）古未闻 鲜为人知

> 课外拓展

擒贼先擒王

遇见诗词

挽①弓当②挽强,用箭当用长③。
射人先射马,**擒贼先擒王**。
杀人亦有限④,列国⑤自有疆⑥。
苟能⑦制侵陵⑧,岂⑨在多杀伤。

——[唐]杜甫《前出塞九首》(其六)

注释

①挽:拉。②当:应当。③长:指长箭。④亦有限:也有个限度。⑤列国:各国。⑥疆:边界。⑦苟能:如果能。⑧侵陵:侵逼欺凌。⑨岂:难道。

大意

善拉弓的要拉强弓,会射箭的用长箭。

想射人要先把马射倒,想捉贼要先捉住他们的首领。

杀人应该有限制,各个国家都有自己的边界。

如果能够制止敌人的侵犯,又何必多杀人呢?

擒贼先擒王

成语小课堂

释义 擒：捉拿，抓。王：首领，头目。抓贼要先抓住贼的头领。常用于比喻处理事情要抓住关键。

例句 擒贼先擒王，只要把为首的犯罪分子抓住，下面的人也就老实了。

近义 打蛇打七寸

成语接龙

擒贼先擒王 — 王侯将相 — 相机行事

事不过三 — 三更半夜 — 夜长梦多

多才多艺 — 艺高人胆大 — 大显身手

手忙脚乱 — 乱世英雄 — 雄心壮志

日积月累

关于战术与用兵的成语

擒贼先擒王 按兵不动 暗度陈仓 避实就虚 兵不厌诈
兵贵神速 步步为营 乘虚而入 调虎离山 攻其不备
声东击西 十面埋伏 围魏救赵 先发制人 欲擒故纵

青梅竹马

遇见诗词

妾发初覆额，折花门前剧。
郎骑竹马①来，绕床②弄青梅③。
同居长干里④，两小无嫌猜。

——[唐]李白《长干行》（节选）

注释

①竹马：小孩放在胯下当马骑着玩的竹竿。
②床：井栏，后院水井的围栏。
③青梅：青色的梅子。
④长干里：在今江苏南京。

大意

我的头发刚刚盖过额头，便同你一起在门前做折花的游戏。

你骑着竹马过来，我们一起绕着井栏，互掷青梅为戏。

我们同在长干里居住，两个人从小都没什么猜忌。

青梅竹马

成语小课堂

释义 形容男女孩童天真无邪地在一块玩耍，也比喻自幼相识的伴侣。多用于幼年男女的交往。

例句 他们俩虽说是青梅竹马，却并没有像双方家长所期望的那样结为夫妻。

近义 两小无猜

反义 素昧平生

成语接龙

开始 ← 青梅竹马 马马虎虎 虎口夺食 食不果腹 腹背受敌 敌强我弱 弱不禁风 风吹草动 动人心弦 弦外之音 音容笑貌 貌合神离

日积月累

与人类美好情感有关的成语（二）

青梅竹马　郎才女貌　两小无猜　爱屋及乌　暗送秋波
地久天长　花前月下　心心相印　朝思暮想　两相情愿
情有独钟　情投意合　如胶似漆（qī）　相敬如宾

课外拓展

人面桃花

遇见诗词

去年今日此门中，人面①桃花相映红。
人面不知何处去，桃花依旧笑②春风。

——[唐]崔护《题都③城南庄》

注释

①人面：指姑娘的脸。第三句中"人面"指代姑娘。
②笑：形容桃花盛开的样子。
③都：国都，指唐朝京城长安。

大意

去年的这个时候，我从这扇门里望去，
只见那美丽的脸庞和桃花彼此相互映衬的绯红。
今日再来此地，那姑娘已不知所踪，
只有桃花依旧，含笑怒放在春风之中。

人面桃花

成语小课堂

释义 原指年轻女子的面容与鲜艳的桃花相辉映。后用来指代思念爱慕的女子。也形容女子容貌如桃花般艳美。常用于表达一种无缘相会而忧伤的情感。

例句 去年今日，人面桃花，他心中充满对她的追忆。

近义 人去楼空

成语接龙

人面桃花　花言巧语　语不惊人　人老珠黄

黄粱一梦　梦寐(mèi)以求　求之不得　得陇(lǒng)望蜀

蜀犬吠日　日理万机　机关算尽　尽善尽美

日积月累

描写怀念与感伤的成语

人面桃花　触景生情　睹物思人　抚今追昔　雪泥鸿爪　念念不忘
魂牵梦萦(yíng)　秋水伊人　人去楼空　物是人非　重温旧梦
音容宛(wǎn)在　音容笑貌　触目伤怀　人亡物在

105

天涯比邻

遇见诗词

城阙①辅三秦②,风烟望五津③。
与君离别意,同是宦游人。
海内存知己,**天涯若比邻**。
无为在歧路④,儿女⑤共沾巾⑥。

——[唐] 王勃《送杜少府之任蜀州》

注释

①城阙:指长安。②三秦:指关中地区。③五津:指岷江上的五个渡口,这里代指蜀州。④歧路:岔路口。⑤儿女:恋爱中的青年男女。⑥沾巾:泪沾手巾,指挥泪告别。

大意

三秦之地护卫着巍巍长安,透过那风云烟雾遥望着蜀州。

和你离别心中怀着无限情意,因为我们同是远离故乡在外做官。

四海之内有知心朋友,即使远在天边也如近在比邻。

绝不要在岔路口分手之时,像多情的少年男女那样悲伤得泪湿衣巾。

成语小课堂

释义 涯：边际。比：紧靠，挨着。虽远在天边，也好像靠得很近的邻居一样。

例句 两人虽然间隔千里，但便利的网络让他俩如天涯比邻，能够继续畅谈理想与抱负。

反义 咫尺天涯

成语接龙

开始 →

天涯比邻里乡党同伐异军突起死回
生
于　　　出简居深言浅交之难患无
忧　　　　　　　　　　　　　　备
患，死于安乐极生悲痛欲绝无仅有

日积月累

表示距离远近的成语

天涯比邻　比肩而立　近在咫尺　一衣带水　一步之遥
盈盈一水　眉睫之内　天涯海角　九霄云外　千里迢迢
天各一方　天南海北　万水千山　八荒之外

课外拓展

万籁俱寂 (wàn lài jù jì)

遇见诗词

清晨入古寺，初日照高林。
曲径通幽处，禅房①花木深。
山光悦②鸟性，潭影空人心③。
万籁④此都寂，但余钟磬⑤音。

——[唐] 常建《题破山寺⑥后禅院》

注释

①禅房：僧人住的房舍。②悦：使……高兴。③人心：人的世俗之心。④万籁：指各种声响。⑤钟磬：寺院诵经，敲钟开始，敲磬停歇。⑥破山寺：即今江苏常熟虞山北麓兴福寺。

大意

清晨我进入这古老寺院，初升的太阳照在山林上。

弯弯曲曲的小路通向幽深处，禅房掩映在繁茂的花木丛中。

山中景色使鸟怡然自得，潭水中的倒影使人心中俗念消失。

此时此刻万物都沉默静寂，只留下了敲钟击磬的声音。

万籁俱寂

成语小课堂

释义 籁：从孔穴里发出的声音。俱：都。寂：静。各种声音都静了下来。形容环境非常安静，一点儿声响都没有。

例句 夜深了，万籁俱寂，我却为了白天的事辗转反侧。

近义 鸦雀无声

反义 人声鼎沸

成语接龙

万籁俱寂　寂寂无闻　闻风丧胆

胆小如鼠　鼠目寸光　光彩夺目

目瞪口呆　呆头呆脑　脑满肠肥

肥头大耳　耳目一新　新陈代谢

日积月累

形容环境寂静冷清的成语

万籁俱寂　门可罗雀　万马齐喑　死气沉沉　人迹罕至

渺无人烟　鸦雀无声　无人问津　一潭（tán）死水

寂静无声　地广人稀　门庭冷落　寂若无人

课外拓展

无可奈何

遇见诗词

一曲新词①酒一杯，去年天气②旧③亭台。
夕阳西下几时回？
无可奈何花落去，似曾相识④燕归来。
小园香径⑤独徘徊⑥。

——[宋]晏殊《浣溪沙》

注释

①新词：刚填好的词，意指新歌。②去年天气：跟去年此日相同的天气。③旧：旧时。④似曾相识：好像曾经认识。形容见过的景物再度出现。⑤香径：带着幽香的园中小径。⑥徘徊：来回走。

大意

听一支新曲喝一杯美酒，还是去年的天气旧日的亭台，西落的夕阳何时才能回来？

花儿总要凋落让人无可奈何，似曾相识的春燕又归来，独自在花香小径里徘徊留恋。

无可奈何

成语小课堂

释义 奈何：如何，怎么办。没有办法，无法可想。
例句 孩子坚决反对假期上舞蹈班，但她无可奈何。
近义 万般无奈 无计可施

成语接龙

成语迷宫

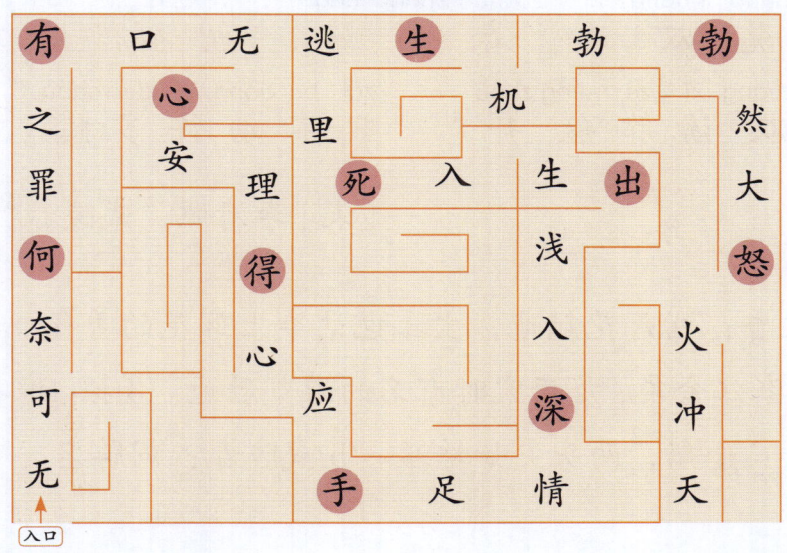

有口无心安理得心应手足情深入浅生出勃勃生机死里逃生勃然大怒火冲天

有之罪何奈可无（入口）

日积月累

形容忧愁烦恼的成语

无可奈何 唉声叹气 长吁短叹 怅（chàng）然若失
愁眉苦脸 闷闷不乐 食不甘味 万念俱灰 心乱如麻
心烦意乱 忧心忡（chōng）忡 郁郁寡（guǎ）欢

课外拓展

物是人非

遇见诗词

风住尘香①花已尽,日晚倦梳头。物是人非事事休,欲语泪先流。

闻说双溪②春尚好,也拟③泛轻舟。只恐双溪舴艋舟④,载不动许多愁。

——[宋]李清照《武陵春⑤·春晚》

注释

①尘香:指落花触地,尘土也沾染上落花的香气。②双溪:水名,在浙江金华,是唐宋时有名的游览胜地。③拟:准备、打算。④舴艋舟:小船,两头尖如蚱蜢。⑤武陵春:词牌名。

大意

风停了,花儿已凋落殆尽,沾花的尘土还带有落花的香气;抬头看看,日已高,却仍无心梳洗打扮。事物依旧在,人不似往昔了,一切事情都已经完结;想要倾诉自己的感慨,还未开口,眼泪先流下来。

听说双溪的春景还不错,我也打算泛舟前去。只恐怕双溪那蚱蜢般的小船,载不动我内心沉重的忧愁啊!

成语小课堂

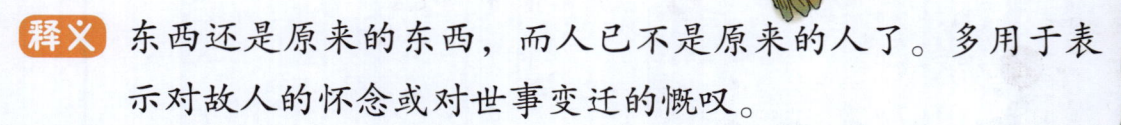

释义 东西还是原来的东西，而人已不是原来的人了。多用于表示对故人的怀念或对世事变迁的慨叹。

例句 回到阔别了30年的母校，不料这里早已物是人非，我禁不住思绪万千。

近义 时过境迁

反义 一如既往 依然如故

成语接龙

分	之	想	方	设	法
非	松	内	紧	要	不
人	外	百	芳	关	责
是	之	世	流	头	众
物	料		血	破	口
	意	达	不	词	一

日积月累

描写事物变化的成语

物是人非 变化莫测 沧海桑田 改天换地 今非昔比

面目全非 情随事迁 千变万化 脱胎换骨 物极必反

物换星移 翻天覆地 白云苍狗 瞬息万变 潜移默化

113

课外拓展

雾里看花

遇见诗词

佳辰①强饮②食犹寒，隐几③萧条戴鹖冠④。
春水船如天上坐，老年花似雾中看。
娟娟戏蝶过闲幔⑤，片片⑥轻鸥下急湍。
云白山青万余里，愁看直北⑦是长安。

——[唐]杜甫《小寒食舟中作》⑧

注释

①佳辰：指小寒食节。②强饮：勉强饮一点酒。③隐几：倚几，倚靠着几。④鹖冠：隐士之冠。⑤闲幔：低垂不动的帷幕。⑥片片：轻盈之状。⑦直北：正北。⑧此诗是诗人停留潭州（今湖南长沙）时所作。

大意

小寒时节，勉强饮一点酒，因为吃的是寒食；靠着已经破旧的乌几坐着，头上戴着隐士帽子。

春来水涨，江河浩漫，在舟中漂荡起伏犹如坐在天上云间；身体衰迈，老眼昏蒙，看岸边的花草犹如隔着一层薄雾。

蝴蝶以优美的姿态悠闲地在帷幔间飞舞，水鸟像轻盈的雪花飞降在湍急的江水中。

遥远的京城长安，就像万里青天之上的白云；站在潭州向北遥望长安，蓦然生愁。

雾里看花

成语小课堂

释义 原形容年老眼花,看东西模糊;后也形容对事物看不真切,对事物的真相或本质看不清楚。

例句 这篇文章表意不明确,读起来就像雾里看花似的。

近义 若明若暗

反义 洞若观火 一目了然

成语接花

雾里看花开花落
花流水落石出
人意料事如神出鬼
没齿难忘乎所以假乱真知灼见不死救

日积月累

描写事物隐蔽或显露的成语

隐蔽: 雾里看花 藏头露尾 扑朔迷离 若隐若现 若明若暗
虚无缥缈(piāo miǎo) 无影无踪 如堕(duò)烟海

显露: 图穷匕见 显而易见 一览无余 欲盖弥彰(zhāng)
崭(zhǎn)露头角 众所周知 豁然开朗

115

课外拓展

相煎何急

遇见诗词

煮豆持①作羹,漉②菽③以为汁。
萁④在釜⑤下燃,豆在釜中泣。
本⑥自同根生,相煎⑦何⑧太急?

——[三国·魏] 曹植《七步诗》⑨

注释

①持:用来。②漉:过滤。③菽:豆。④萁:豆类植物脱粒后剩下的茎。⑤釜:锅。⑥本:原本,本来。⑦煎:煎熬,这里指迫害。⑧何:何必。⑨此诗是诗人在哥哥曹丕以其性命相胁迫要他在七步内成诗的情况下所作,抒发了诗人内心的悲愤之情。

大意

煮豆子来做豆羹,过滤豆子的残渣后,留下豆汁。

相煎何急

豆秸在锅底下燃烧，豆子在锅里面哭泣。

豆秸和豆子本来是同一条根上生长出来的，豆秸怎能这样急迫地煎熬豆子呢！

成语小课堂

释义 比喻兄弟或内部之间互相残杀或迫害。

例句 你我情同手足，相煎何急？

近义 煮豆燃萁 自相残杀

反义 和睦相处

成语接龙

相煎何急　急不可待　待价而沽(gū)　沽名钓誉(yù)
誉满天下　下不为例　例行公事　事出有因
因人而异　异想天开　开门见山　山穷水尽

日积月累

描写分裂或团结的成语

分裂：相煎何急 党同伐异 各自为政 瓜分豆剖（pōu）
　　　四分五裂 同室操戈 分崩离析
团结：风雨同舟 和衷共济 齐心协力 集思广益
　　　同甘共苦 万众一心

课外拓展

窈窕淑女
（yǎo tiǎo shū nǚ）

遇见诗词

关关①雎鸠②，在河之洲③。
（guān guān jū jiū，zài hé zhī zhōu）
窈窕淑女，君子好逑④。
（yǎo tiǎo shū nǚ，jūn zǐ hǎo qiú）

——《诗经·关雎》（节选）

注释

①关关：拟声词。

②雎鸠：一种水鸟，一般认为是鱼鹰，传说它们雌雄形影不离。

③洲：水中的陆地。

④好逑：好的配偶。

大意

雎鸠关关在歌唱，栖息在河中的小洲上。

贤良美好的女子，是君子追求的对象。

窈窕淑女

成语小课堂

释义 窈窕：娴静、美好的姿态。淑：温柔善良。指美丽善良的好姑娘。

例句 王丹真可称为窈窕淑女，怪不得追求她的人很多。

近义 沉鱼落雁

成语接龙

娲	补	天	灾	人	祸
女	机	取	巧	立	福
淑	投	之	肤	名	相
窕	相	痛	切	目	依
窈	气		一	空	依
开始	义	取	生	舍	不

日积月累

描写女子的成语

窈窕淑女 闭月羞花 娇小玲珑 亭亭玉立 小家碧玉
明眸（móu）皓（hào）齿 冰肌玉骨 环肥燕瘦 梨花带雨
蕙（huì）质兰心 楚楚可怜 巾帼（guó）须眉 倾城倾国

119

课外拓展

折戟沉沙

遇见诗词

折戟①沉沙铁未销②，自将③磨洗认前朝④。
东风不与周郎⑤便，铜雀⑥春深锁二乔⑦。

——[唐]杜牧《赤壁》

注释

①戟：古代兵器。

②销：销蚀。

③将：拿，取。

④认前朝：辨认出是前朝遗物。前朝，这里指赤壁之战的时代。

⑤周郎：周瑜，东汉孙策、孙权手下的重要将领。

⑥铜雀：铜雀台，曹操所建。

⑦二乔：即江东乔公的两个女儿，东吴美女，被称为大乔、小乔。大乔嫁孙策，小乔嫁周瑜。

大意

折断的铁戟沉没在江底还没有销蚀，
自己拿起它又磨又洗，发现这是赤壁之战的遗物。
假如东风不给周瑜方便，
大乔、小乔恐怕会被曹操关进铜雀台了。

折戟沉沙

成语小课堂

释义 指戟被折断埋在泥沙里，变成废铁。形容在激烈战斗后战场的遗迹。也指惨败。

例句 滑铁卢一战使拿破仑落得个折戟沉沙的下场。

成语接龙

成语迷宫

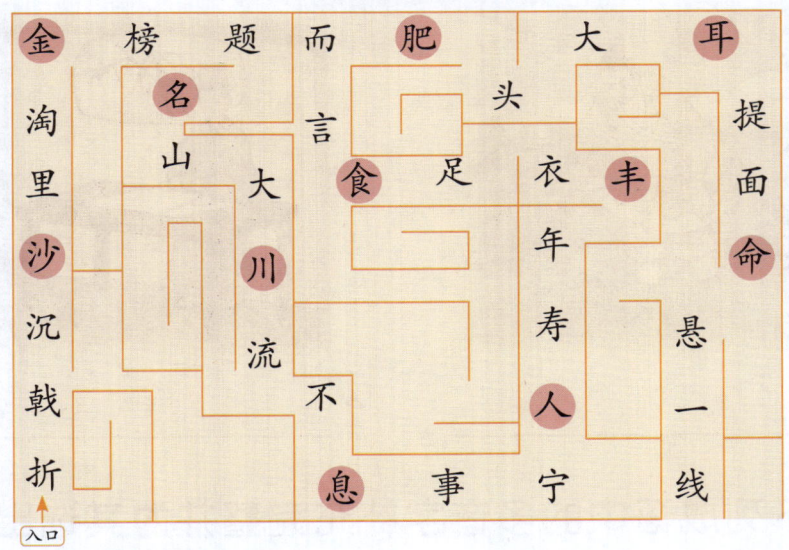

金榜题名山
金淘里沙沉戟折
而言食足
肥头
大川流不息
大衣丰年寿人宁事
耳提面命
悬一线

↑入口

日积月累

描写战争的成语

背水一战　东征西讨　兵临城下　冲锋陷阵　刀光剑影
攻无不克　明枪暗箭　南征北战　破釜（fǔ）沉舟
枪林弹雨　鸣金收兵　倾巢（cháo）而出

121

课外拓展

练一练

一、圈出下列成语中的错别字并在横线上改正。

山青水秀_____　　按步就班_____　　黄粱一梦_____

目不瑕接_____　　一愁莫展_____　　别出新裁_____

二、看图猜成语。

1._____　　2._____

三、把下列成语中的多音字补充完整并为其选出正确的读音。

发人深〇（shěng xǐng）　　里〇外合（yīng yìng）

〇死不屈（níng nìng）　　一〇一样（mó mú）

丢三〇四（luò là）　　退避三〇（shě shè）

四、选出合适的字填入下列成语中。

金 木 水 火 土

○中取栗　　　入○三分　　　卷○重来

○涨船高　　　钻○取○　　　饮○思源

面如○色　　　○玉其外，败絮其中

五、下面的诗句中藏有成语，请找到它们并圈出来。

1. 千门万户曈曈日，总把新桃换旧符。

——[宋]王安石《元日》

2. 九州生气恃风雷，万马齐喑究可哀。

——[清]龚自珍《己亥杂诗》

3. 春风十里扬州路，卷上珠帘总不如。

——[唐]杜牧《赠别》（其一）

4. 千呼万唤始出来，犹抱琵琶半遮面。

——[唐]白居易《琵琶行》

5. 女娲炼石补天处，石破天惊逗秋雨。

——[唐]李贺《李凭箜篌引》

6. 曾经沧海难为水，除却巫山不是云。

——[唐]元稹《离思》（其四）

参考答案

1~2年级

练一练

一、和风细雨 鸟语花香 万里无云 春回大地 冰天雪地 兴高采烈

二、1.如虎添翼 2.东张西望

三、千 百 二 两 五 七
　　千＞百　二＝两　五＜七

3~4年级

练一练

一、头 眼 口 耳 臂 眉

二、一 四 五；九 五 四

三、精忠报国——岳飞　刚正不阿——包拯　凿壁借光——匡衡
　　三顾茅庐——刘备　铁杵成针——李白　手不释卷——吕蒙

5~6年级

练一练

一、首尾 安危 悲欢 冷暖 来往 老少

二、1.负荆请罪 2.画龙点睛

三、顾影自怜 孤芳自赏 万水千山 居高临下 惊天动地 粉身碎骨

课外拓展

练一练

一、青→清　步→部　梁→梁　瑕→暇　愁→筹　新→心

二、1.浑水摸鱼 2.胸有成竹

三、省 xǐng　应 yìng　宁 nìng　模 mú　落 là　舍 shè

四、火 木 土 水 木 火 水 土 金

五、1.千门万户 2.万马齐喑 3.春风十里
　　4.千呼万唤 5.石破天惊 6.曾经沧海

附 录

课本里的成语汇总

一年级上册

山清水秀　柳绿桃红　日积月累　东西南北　一年之计在于春
一寸光阴一寸金　万众一心　种瓜得瓜，种豆得豆
前人栽树，后人乘凉　千里之行，始于足下　百尺竿头，更进一步

一年级下册

万里无云　春回大地　柳绿花红　莺歌燕舞　百花齐放　各种各样
桃花潭水　和风细雨　鸟语花香　一清二白　竹篮打水　七上八下
十字路口　敏而好学　不耻下问　读书百遍，其义自见
读万卷书，行万里路　妖魔鬼怪　千门万户

二年级上册

四海为家　冰天雪地　十年树木，百年树人　叶落归根
己所不欲，勿施于人　言而有信　含苞欲放　百花争艳　春色满园
四面八方　更上一层楼　山穷水尽　烟消云散　名山大川
奇形怪状　一枝独秀　名不虚传　百闻不如一见　隐隐约约
五光十色　欢声笑语　流连忘返　清风明月　无边无际　得过且过
自言自语　不言不语　只言片语　三言两语　千言万语　豪言壮语
少言寡语　甜言蜜语　刻舟求剑　安居乐业　三过其门而不入
有志者事竟成　穷且益坚　青云之志　云开雾散　风雨交加
寒风刺骨　鹅毛大雪　电闪雷鸣　狐假虎威　神气活现　摇头摆尾
半信半疑　东张西望　大摇大摆　风和日丽　风平浪静　风调雨顺
狼吞虎咽　龙飞凤舞　鸡鸣狗吠　惊弓之鸟　漏网之鱼　害群之马
胆小如鼠　如虎添翼　如鱼得水

125

二年级下册

草长莺飞　梳妆打扮　躲躲藏藏　绚丽多彩　五颜六色　碧空如洗
引人注目　兴致勃勃　野火烧不尽，春风吹又生　意想不到
恋恋不舍　锦上添花　雪中送炭　炎黄子孙　奋发图强　繁荣昌盛
大街小巷　牛郎织女　九霄云外　弯弯曲曲　高高兴兴　不好意思
昏头昏脑　摇摇晃晃　兴高采烈　亡羊补牢　揠苗助长　结结实实
筋疲力尽　老老实实　和颜悦色　视而不见　赏心悦目　连蹦带跳
眉开眼笑　破涕为笑　捧腹大笑　一动不动　刨根问底
九牛二虎之力　生机勃勃　尽心竭力　与世隔绝　笨手笨脚
色彩斑斓　一望无边　反反复复　羿射九日　慌慌张张　救死扶伤
山高路远　万水千山

三年级上册

糊里糊涂　鸦雀无声　摇头晃脑　披头散发　张牙舞爪　提心吊胆
面红耳赤　手忙脚乱　眼疾手快　口干舌燥　橙黄橘绿　五彩缤纷
春光明媚　忐忑不安　秋高气爽　天高云淡　一叶知秋　五谷丰登
春华秋实　争先恐后　喜怒哀乐　寸步难行　无奇不有　百发百中
百战百胜　百依百顺　四通八达　四平八稳　七嘴八舌　七手八脚
人心齐，泰山移　二人同心，其利断金　三个臭皮匠，顶个诸葛亮
细雨如丝　淡妆浓抹　呢喃细语　汹涌澎湃　波澜壮阔　井然有序
千姿百态　雨后春笋　超凡脱俗　上上下下　分门别类　气焰嚣张
当头一棒　争分夺秒　丢三落四　目瞪口呆　耳闻目睹

三年级下册

光彩夺目　挨挨挤挤　翩翩起舞　严丝合缝　守株待兔　南辕北辙
相提并论　和睦相处　翻来覆去　迫不及待　不慌不忙　痛痛快快
没精打采　灰心丧气　虎口逃生　滔滔滚滚　无忧无虑　忙忙碌碌
源源不断　津津有味　邯郸学步　滥竽充数　掩耳盗铃　自相矛盾

画蛇添足　杞人忧天　井底之蛙　杯弓蛇影　发人深省　叶公好龙
雷电交加　似曾相识　代代相传　历久弥新　学富五车　清清楚楚
活灵活现　来来往往　琴棋书画　望闻问切　窃窃私语　争奇斗艳
昙花一现　确确实实　气喘吁吁　夺门而出　规规矩矩　耿耿于怀
多才多艺　人谁无过　无穷无尽　千千万万　物产丰富　一模一样
恍恍惚惚　人见人爱　兵来将挡　水来土掩　不入虎穴，焉得虎子
眼见为实，耳听为虚　近朱者赤，近墨者黑　人山人海　各式各样
翻山越岭　走南闯北　晕头转向　善罢甘休　健步如飞

四年级上册

人声鼎沸　浩浩荡荡　山崩地裂　无处不在　摇摇欲坠　心旷神怡
锣鼓喧天　震耳欲聋　响彻云霄　低声细语　悄无声息　横七竖八
呼风唤雨　出乎意料　腾云驾雾　好问则裕　庐山真面目　随遇而安
精疲力竭　精卫填海　愤愤不平　钻木取火　茹毛饮血　惊慌失措
爱憎分明　惩恶扬善　上天入地　神机妙算　各显神通　三头六臂
神通广大　未卜先知　碧海青天　熠熠生辉　形影不离　摇摇摆摆
雨过天晴　通情达理　哄堂大笑　接连不断　垂头丧气　顾名思义
重整旗鼓　不甘人后　得心应手　不伦不类　一丝一毫　不败之地
设身处地　自由自在　尺有所短　寸有所长　机不可失
差之毫厘，谬以千里　病从口入　祸从口出　一言既出，驷马难追
比上不足，比下有余　万里长征　为之一振　热闹非凡　左顾右盼
干干净净　深居简出　随时随地　斩钉截铁　志存高远　精忠报国
大义凛然　视死如归　铁面无私　刚正不阿　面如土色　一声不响
深入骨髓　无能为力　聚精会神　凿壁借光　三顾茅庐　心急如焚
胆战心惊　魂飞魄散　喜出望外　手舞足蹈　热泪盈眶　欣喜若狂
长途跋涉　眉清目秀　亭亭玉立　明眸皓齿　文质彬彬　相貌堂堂
威风凛凛　膀大腰圆　短小精悍　鹤发童颜　慈眉善目　老态龙钟

127

四年级下册

天高地阔	车水马龙	依山傍水	鸡犬相闻	前俯后仰	五彩斑斓
点睛之笔	天之骄子	九天揽月	勃勃生机	奇思妙想	古木参天
苍翠欲滴	姗姗来迟	白雪皑皑	朗朗上口	变化多端	颤颤巍巍
大模大样	从容不迫	扬长而去	空空如也	不胜其烦	慢条斯理
耀武扬威	神清气爽	金碧辉煌	铁杵成针	不约而同	悬梁刺股
程门立雪	手不释卷	一片冰心	葬身鱼腹	势不可当	失魂落魄
舍己救人	镇定自若	纹丝不动	临危不惧	彬彬有礼	自强不息
怨天尤人	生于忧患，	死于安乐	不可一世	坐井观天	学海无涯

五年级上册

美中不足	姹紫嫣红	神气十足	不动声色	朴实无华	完璧归赵
负荆请罪	难以置信	一夫当关，	万夫莫开	熟能生巧	不计其数
左右为难	奋不顾身	喋喋不休	悠然自得	千真万确	勤勤恳恳
花花绿绿	一五一十	富丽堂皇	天兵天将	气急败坏	畏首畏尾
望眼欲穿	直言不讳	饮水思源	耳熟能详	八仙过海，	各显神通
口耳相传	热气腾腾	不拘一格	万马齐喑	朝气蓬勃	来日方长
举世闻名	玲珑剔透	诗情画意	天南海北	奇珍异宝	梦寐不忘
祸从天降	尸横遍野	生灵涂炭	绿树成荫	偏安一隅	足智多谋
呕心沥血	臭名远扬	得意忘形	诡计多端	处心积虑	众星拱月
太平盛世	国泰民安	丰衣足食	政通人和	人寿年丰	夜不闭户
路不拾遗	多事之秋	兵荒马乱	流离失所	家破人亡	哀鸿遍野
民不聊生	内忧外患	无影无形	舐犊之情	手脚并用	密密层层
千变万化	得意扬扬	一如既往	呱呱坠地	同舟共济	众志成城
字里行间	居安思危	半丝半缕	月落乌啼	成群结队	应接不暇
面面相觑	大呼小叫	枝繁叶茂	夕阳西下	斜风细雨	学而不厌
诲人不倦	桃园结义	一知半解	分久必合	哭哭啼啼	栩栩如生
索然无味	朦朦胧胧	心动神移	流光溢彩	天长日久	如醉如痴

浮想联翩　囫囵吞枣　不求甚解　悲欢离合　牵肠挂肚　如饥似渴
不言而喻　千篇一律　天高气爽　别出心裁　与众不同　大显身手
心安理得　念念不忘　见义勇为　源头活水

五年级下册

光芒四射　不可胜数　恍然大悟　乐此不疲　相映成趣　百川归海
不期而遇　离乡背井　风光旖旎　无边无垠　碧波万顷　寸草春晖
茂林修竹　颇负盛名　不厌其烦　顶天立地　跟跟跄跄　拖男挈女
喜不自胜　天造地设　伸头缩颈　抓耳挠腮　力倦神疲　大千世界
凌云之志　多愁善感　刀山火海　扣人心弦　动人心魄　豪情壮志
儿女情长　风花雪月　人情冷暖　心领神会　寒来暑往　秋收冬藏
情不自禁　浴血奋战　一针见血　从容镇定　汗如雨下　肃然起敬
舍己为公　久别重逢　手疾眼快　精神抖擞　仰面朝天　天衣无缝
助人为乐　忠于职守　全神贯注　跃跃欲试　遥遥领先　龇牙咧嘴
成千上万　泰然自若　豆蔻年华　纵横交错　花团锦簇　水天相接
极目远眺　各有所长　左膀右臂　养尊处优　随心所欲　绞尽脑汁
默不作声　大气磅礴

六年级上册

高歌一曲　一碧千里　平淡无味　明月清风　芬芳馥郁　硕大无朋
婆娑起舞　心驰神往　顾影自怜　孤芳自赏　形形色色　满腔怒火
热血沸腾　居高临下　粉身碎骨　昂首挺胸　坚强不屈　惊天动地
气壮山河　迎风招展　排山倒海　整整齐齐　震天动地　千钧一发
无微不至　各抒己见　滔滔不绝　时时刻刻　竭尽全力　婉言谢绝
鞠躬尽瘁　死而后已　前功尽弃　没头没脑　呆头呆脑　歪歪斜斜
挖空心思　叱咤风云　技高一筹　弄巧成拙　泰山压顶　作鸟兽散
虎视眈眈　大步流星　怒气冲冲　暴露无遗　一无所获　念念有词
忘乎所以　相视而笑　两手空空　心满意足　轻手轻脚　化为乌有
沧海一粟　龙凤呈祥　亭台楼阁　天寒地冻　能工巧匠　惟妙惟肖

万紫千红　跌跌撞撞　寒风呼啸　心惊肉跳　指手画脚　不假思索
神志不清　天摧地塌　忠厚老实　满满当当　不声不响　理直气壮
小心翼翼　一丝不苟　照章办事　眉飞色舞　一尘不染　和蔼可亲
风雨同舟　三番五次　不紧不慢　世世代代　伯牙绝弦　锦囊玉轴
拊掌大笑　高山流水　波涛汹涌　丰富多彩　约定俗成　不可开交
戛然而止　拿手好戏　粉墨登场　字正腔圆　有板有眼　科班出身
黄钟大吕　轻歌曼舞　行云流水　巧夺天工　画龙点睛　笔走龙蛇
妙笔生花　一望无际　失声痛哭　各色各样　张冠李戴　马马虎虎
匆匆忙忙　饱经风霜　模模糊糊　三更半夜　颜筋柳骨　埋头苦干
为民请命　舍身求法

六年级下册

零七八碎　万象更新　男女老少　截然不同　无暇顾及　悬灯结彩
独出心裁　各形各色　残灯末庙　进进出出　垂涎欲滴　泣涕如雨
盈盈一水　脱缰之马　一无所有　能歌善舞　身无分文　两面三刀
青面獠牙　地广人稀　优哉游哉　万事如意
少壮不努力，老大徒伤悲　惊恐万分　前所未有　荒无人烟
不时之需　心平气和　重见天日　无济于事　乌合之众　一清二楚
头晕目眩　诚心诚意　软弱无力　灯火通明　十全十美　不可思议
独一无二　勇往直前　引人入胜　荒诞不经　司空见惯　一声不吭
一生一世　引车卖浆　骄阳似火　柴米油盐　清风朗月　一视同仁
归心似箭　追悔莫及　接二连三　由远而近　地动山摇　重于泰山
轻于鸿毛　精兵简政　死得其所　目不转睛　三长两短　重重叠叠
奄奄一息　良药苦口　见微知著　锲而不舍　悬崖峭壁　狂风怒号
鄙夷不屑　走马观花　自愧弗如　声泪俱下　不以为然　过犹不及
赴汤蹈火　穷则思变　青出于蓝　依依不舍　娓娓动听　身临其境
恭恭敬敬　依依惜别　心有灵犀一点通　信手拈来　誉满天下
一笔一画　稚气未脱　无怨无悔　回味无穷　杨柳依依　红杏出墙